KB071196

나의 내일은
긍정으로 시작한다

STAY POSITIVE WITH MARCUS AURELIUS

Copyright © 2021 Jana Capri & Charan Díaz
All Rights reserved.

Korean Translation Copyright © 2023 by Chungrim Publishing Co., Ltd.
Korean Translation rights arranged with SUASIVE CONSULTANTS PRIVATE LIMITED
through EYA Co.,Ltd

이 책의 한국어판 저작권은 EYA Co.,Ltd를 통해
SUASIVE CONSULTANTS PRIVATE LIMITED와 독점 계약한
청림출판(주)이 소유합니다.
저작권법에 의하여 한국 내에서 보호를 받는 저작물이므로
무단전재 및 복제를 금합니다.

철학자의 지혜를 내 인생에 담는 문답 노트

나의 내일은
긍정으로 시작한다

• *Stay Positive with Marcus Aurelius* •

Jana Capri & Charan Díaz

야나 카프리, 차란 디아즈 지음 | 박인균 옮김

추수밭

한 그루의 나무가 모여 푸른 숲을 이루듯이
청림의 책들은 삶을 풍요롭게 합니다.

삶을 긍정하는 열쇠,
아우렐리우스

한 환자가 심리치료 중에 다음과 같이 물었습니다. "어떻게 오랫동안 긍정적인 태도를 유지할 수 있죠?"

심리학 분야에서 일하면서 우리가 얻은 직관적인 대답은 이것입니다. 긍정적인 태도를 유지하려면 생각하고, 말하고, 행동하는 방식에 영향을 주는 긍정적인 자극에 지속적으로 노출되어야 합니다. 한번 불이붙은 장작은 계속해서 타기 마련이니까요.

인간의 마음은 외부 요인이나 자극에 쉽게 영향을 받을 수 있고, 필요하다면 긍정적인 태도를 꽤 오랫동안 유지할 수 있습니다. 이러한 점에 착안해 긍정적인 삶을 살고자 하는 모든 이에게 영감을 준 스토아 학파의 위대한 철학자 마르쿠스 아우렐리우스의 글을 연구하게 되었습니다.

후세에 가치 있는 조언을 남겼을 뿐 아니라 그 내용을 몸소 실천한 역사 속 현자들보다 좋은 영감의 원천이 어디 있겠습니까?

이 책에서 우리는 살면서 떠오르는 내면의 물음들을 철학 그리고 역사를 관통해온 위대한 사상들과 엮었습니다. 하루를 마감 또는 시작하면서 이러한 물음과 대답들을 마주한다면 책의 제목처럼 '긍정의 미래'가 펼쳐질 수 있으리라 기대합니다.

인간은 보다 의식적인 상태일 때 자아를 일깨우고 성장할 수 있으며 궁극적으로 자신을 가두는 고통에서도 벗어날 수 있습니다. 사랑, 일, 가족, 인간관계, 건강 등 인생사의 각종 문제에서 뜻대로 되지 않을 때 마르쿠스 아우렐리우스의 메시지는 삶을 다른 관점에서 바라보며 의식을 깨우는 데 도움을 줄 것입니다.

보다 구체적으로는 다음과 같은 상황에서 이 책을 활용해볼 수 있습니다.

- 인생의 어려운 시기를 보내고 있을 때
- 긍정적인 자극을 찾고 있을 때
- 마음의 평화가 필요하거나 불안, 화, 슬픔 등을 다스리고자 할 때

차례에서 가장 영감을 주는 #해시태그(소제목)를 선택해도 좋고, 아무 곳이나 펼쳐서 어떤 메시지가 기다리고 있는지 확인해보셔도 좋습니다.

세네카, 소크라테스, 마르쿠스 아우렐리우스, 에픽테토스, 석가모니와 같은 인류 역사의 위대한 철학자들은 바람직한 마음가짐을 길러내는 것이 하루, 몇 달 혹은 몇 년 안에 되는 일이 아니라 평생에 걸쳐서 지속해야 할 일이라고 말합니다.

그만한 가치가 있는 일이기 때문입니다.

"삶의 아름다움 속에 머물러라.
하늘의 별을 보고
그들과 함께 흘러가고 있는 당신을 봐라."

각 꼭지는 아래의 네 가지 부분으로 구성되어 있습니다.

❶ 답을 찾는 이의 물음

인생의 수수께끼에 대해 자문
하며 지혜에 기대어 답을 얻고
자 하는 대다수 사람들의 질문
을 의미합니다.

---

❷ 아우렐리우스의 대답

그의 저서 《명상록》에서 인용
된 문구로, 이해를 돕기 위해
현대적인 언어로 쉽게 각색되
었습니다.

#1 인생에서 먼저 채워야 할 것들

🗝

❶
오늘 제가 마주쳤던 일들에
크게 영향받지 않는 법을 알고 싶어요.

❷ 마르쿠스 아우렐리우스의 대답 | 명상록 제11장 16절 |

최고의 삶을 살 수 있는 잠재력은 내 안에 있고 내면의 힘을 키우는 능력
은 자신에게 달렸다. 무슨 일이 일어나든 그것은 외부에서 오는 것이고
바꿀 수 없다. 그 일을 자신이 떠안을 필요는 없으며 저울질하는 것도 의
미가 없다. 내면의 페이지를 비워두고 비난이 새겨지려고 하면 지워버
려라.

❸ 삶에 적용하는 심리학적 해설

좋아하는 것을 보면 우리가 어떤 사람인지 알 수 있습니다. 하루 중 집중
력을 가장 많이 쓰는 곳은 어디인가요? 옷, 집, 명예, 부, 섹스, 음식, TV
드라마 등에 사로잡혀 마음이 온통 그 생각뿐이지 않나요?

마음은 365일 '나'와 함께하고 있습니다. 나를 포함해 그 무엇도 영
원하지 않다는 점을 기억하고 인생의 가치를 제대로 이해해야 합니다.

가장 중요하게 고려할 것이 무엇인지, 어디에 집중해야 하는지 스스
로에게 묻는다면 인생의 많은 상황에서 도움이 될 것입니다.

019

DATE   .   .   ● 한 단계 더 들어가기   ④

✥   오늘의 아우렐리우스 문장

_____
_____
_____
_____
_____

✥   좋은 인생을 위해서는 무엇에 가장 집중해야 한다고 생각하는가?

_____
_____
_____
_____
_____
_____
_____
_____
_____
_____

❸ 삶에 적용하는 심리학적 해설

아우렐리우스가 남긴 메시지를 심리학의 언어로 풀어낸 답변입니다. 이는 스토아 철학의 명령이나 고정된 해석이 아닌, 스토아 철학에 접근하는 여러 방법 중 인생에 적용할 만한 점들을 소개하기 위한 것입니다.

❹ 한 단계 더 들어가기

아우렐리우스의 철학과 해석을 개인의 삶으로 연결하고 적용할 수 있도록 돕는 필사 및 성찰 노트입니다. '오늘의 아우렐리우스 문장'은 《명상록》의 문장을 독자가 직접 따라 쓸 수 있도록 마련되었고, 각 꼭지마다 다르게 제시되는 '질문'은 독자 스스로 개인적인 성찰을 쓰면서 정리하게끔 안내합니다.

차례

─➤➤➤ 제1장 ◄◄◄─

지금 당장 행복한 삶을 사는 법

─➤➤➤ 제2장 ◄◄◄─

내 인생은 내가 선택하는 것

제3장
주어진 운명과 내가 만드는 운명

제4장

불확실한 삶을 마주하는 자세

제5장

짧은 인생, 긴 질문

Stay Positive
with
Marcus Aurelius

제 1 장

지금 당장
행복한 삶을 사는 법

인생에서 먼저 채워야 할 것들

오늘 제가 마주쳤던 일들에
크게 영향받지 않는 법을 알고 싶어요.

마르쿠스 아우렐리우스의 대답 | 명상록 제11장 16절 |

최고의 삶을 살 수 있는 잠재력은 내 안에 있고 내면의 힘을 키우는 능력은 자신에게 달렸다. 무슨 일이 일어나든 그것은 외부에서 오는 것이고 바꿀 수 없다. 그 일을 자신이 떠안을 필요는 없으며 저울질하는 것도 의미가 없다. 내면의 페이지를 비워두고 비난이 새겨지려고 하면 지워버려라.

삶에 적용하는 심리학적 해설

좋아하는 것을 보면 우리가 어떤 사람인지 알 수 있습니다. 하루 중 집중력을 가장 많이 쓰는 곳은 어디인가요? 옷, 집, 명예, 부, 섹스, 음식, TV 드라마 등에 사로잡혀 마음이 온통 그 생각뿐이지 않나요?

마음은 365일 '나'와 함께하고 있습니다. 나를 포함해 그 무엇도 영원하지 않다는 점을 기억하고 인생의 가치를 제대로 이해해야 합니다.

가장 중요하게 고려할 것이 무엇인지, 어디에 집중해야 하는지 스스로에게 묻는다면 인생의 많은 상황에서 도움이 될 것입니다.

✤   오늘의 아우렐리우스 문장

_____

_____

_____

_____

_____

_____

✤   좋은 인생을 위해서는 무엇에 가장 집중해야 한다고 생각하는가?

_____

_____

_____

_____

_____

_____

_____

_____

_____

_____

_____

_____

첫 단계는 간절한 마음을 갖는 것

좌절감을 느끼지 않고 행복하려면
어떻게 해야 할까요? 길을 잃어버린 느낌입니다.

마르쿠스 아우렐리우스의 대답 | 명상록 제7장 67절 |

행복해지는 데 대단한 조건이 필요한 게 아니다. 혹시 자신의 인생을 바라보면서 이렇게 생각하고 있는가? '난 나이가 너무 많고 유명하지도 않고 돈도 많지 않아. 인생에서 이렇다 할 만한 큰일을 이룬 것도 아니야.' 인간으로서 내가 가진 가치, 내가 맺은 소중한 관계, 나의 마음 혹은 내면의 자유를 계속 들여다보고 키워가라. 이것이야말로 행복해지기 위한 열쇠다. 무엇보다 돈도 들지 않는다.

삶에 적용하는 심리학적 해설

인생에서 어떤 부분을 개선하고 싶나요? 직업? 가족? 파트너? 건강? 돈?
무언가를 바꾸려면 먼저 달라지고 싶다는 마음을 가져야 합니다. 어떤 사람이 친구에게 "담배를 못 끊겠어"라고 말했다고 가정해봅시다. 그 말을 들은 심리학자는 돈 들이지 않고 담배를 끊을 수 있는 방법을 알려줍니다. 그러자 흡연자는 곧장 이렇게 대답하지요. "하지만 전 담배를 끊고 싶지 않아요!"

인생에서 무엇이든 얻고자 한다면 먼저 간절하게 원해야 합니다. 더 나은 삶을 살고 싶은 간절한 마음이 있다면 머지않아 그 방법을 찾게 될 것입니다. 마르쿠스 아우렐리우스의 말처럼 행복해지는 데는 아무것도 필요하지 않습니다. 박사 학위가 없어도 되지요. 그저 달라지고 싶다는 마음만 있으면 됩니다.

● 한 단계 더 들어가기

❀   오늘의 아우렐리우스 문장

❧ 인생에서 간절히 바라는 것은 무엇이고, 인생에서 개선하고 싶은 불만족스러운 것은 무엇인가?

"인간으로서 내가 가진 가치,
소중한 관계, 나의 마음을 들여다보라.
행복의 열쇠가 거기에 있다."

삶을 여러 방향에서 바라보라

저에게 일어나는 일들이 이해되지 않아
괴로울 때가 있습니다.
왜 이 일을 내가 짊어져야 할까요? 의문이 듭니다.

마르쿠스 아우렐리우스의 대답 | 명상록 제12장 10절 |

세상만사를 다 이해할 수는 없는 법이다. 객관적으로 바라보라. 사물을 있는 그대로 관찰하면서 그 원인과 상관관계, 본질을 살펴라. 사물을 객관적으로 바라보면 평정심을 찾을 수 있을 것이다.

삶에 적용하는 심리학적 해설

세상의 모든 일은 밀접하게 연결되어 있습니다. 이런 사실만 잘 이해하고 있어도 행복의 다차원적 본질을 발견하는 데 도움이 될 수 있습니다. 살면서 벌어지는 일에 대해 내가 내리는 해석, 나의 생각, 감정, 태도, 행동은 모두 서로 연관되어 있습니다.

최근에 형편없이 행동했던 때를 생각해보세요. 어떤 생각과 감정으로 그런 행동을 하게 되었는지 기억해보세요. 혹은 최근에 인내심을 가지고 신중하게 행동했던 때가 있었다면 그건 어떤 생각과 감정 때문이었는지 떠올려보세요.

❀   오늘의 아우렐리우스 문장

_____

_____

_____

_____

_____

_____

❀   내가 가장 형편없었을 때와 빛났을 때, 생각과 감정에 어떤 차이가
      있었는가?

_____

_____

_____

_____

_____

_____

_____

_____

_____

_____

_____

#4 군더더기 같은 생각을 걸러내는 법

어떻게 하면 좋은 기분을
유지할 수 있을까요?

마르쿠스 아우렐리우스의 대답 | 명상록 제4장 24절 |

좋은 기분을 유지하려면 너무 많은 것을 해서는 안 된다. 우리가 하는 생각, 행동, 말은 대부분 생각만큼 많이 필요하지 않다. 이런 것을 줄이면 자유시간이 늘어나고 차분해질 수 있다. '이게 정말 필요한가? 쓸모가 있는가?'라는 질문을 주기적으로 해보라. 불필요한 생각은 무의미한 행동으로 이어지고 이 악순환은 행복을 갉아먹는다.

삶에 적용하는 심리학적 해설

오늘 한 말, 행동, 생각 중에 의미가 없거나 불필요한 것이 있었나요?

예를 들어 반복적인 생각에 빠져 아무런 소득도 얻지 못하지는 않았나요? 그런 상태에서 벗어나려면 어떻게 해야 할까요? 바람직하지 않은 반응을 보이곤 하는 상황이 또 발생할 때, 좀 더 간결하게 실용적으로 행동하고 말할 수 있도록 스스로 돌아보고 점검해보세요.

✤   오늘의 아우렐리우스 문장

_____

_____

_____

_____

_____

_____

_____

✤   오늘 한 말, 행동 중에서 적절하지 않았던 것은 무엇인가?

_____

_____

_____

_____

_____

_____

_____

_____

_____

_____

내가 누구인지를 먼저 이해하라

걱정을 덜 하려면
어떻게 해야 하나요?

마르쿠스 아우렐리우스의 대답 | 명상록 제7장 17절 |

행복은 나의 다이몬(내면의 지혜)에 귀를 기울일 때 찾을 수 있다. 그저 상상에 지나지 않는 일로 마음의 안정을 깨뜨리지 말라.

아직 일어나지도 않은 일들이 걱정되는가? 그렇다면 이렇게 생각하면 좋을 것이다.

'상상, 너 당장 꺼져! 괜히 없는 걱정 만들어 심란하게 하지 말고, 그냥 사라져줘.'

삶에 적용하는 심리학적 해설

행복은 나의 진정한 정체성을 발견하는 데 달려 있습니다. 직업, 재산 혹은 우리가 보통 자신과 동일시하는 것들은 사실 내가 아닙니다. 우리에겐 영혼이 있고, 영원한 행복을 누리고 싶다면 영혼을 충분히 들여다보아야 합니다. 하지만 많은 이들이 그런 노력을 충분히 해내지 못합니다.

지나친 걱정과 근심은 잘못된 상상의 결과입니다. 우울함과 다른 감정적 스트레스도 마찬가지입니다. 주변 일에 지나칠 정도로 절박함과 중요함을 느끼게 만듭니다. 인생을 필요 이상으로 과장하고 자신, 타인에게 많은 것을 요구하기도 합니다.

내게 붙은 꼬리표를 잊고 내가 진정 누구인지를 이해할 때 그리고 삶의 의미에 믿음을 가질 때 비로소 철학자들이 이야기하는 행복이 이해되기 시작할 것입니다. 자신을 알고, 상황을 낙관적으로 보고, 최선을 다하고, 스트레스를 받지 말고, 나머지는 잊어버리세요.

DATE   .   .   ● 한 단계 더 들어가기

✤   오늘의 아우렐리우스 문장

_____

_____

_____

_____

_____

_____

_____

_____

_____

_____

_____

_____

✤ **직업이나 일과 구분되는, 나의 진정한 정체성은 무엇인가?**

"행복은 나의 내면에
귀 기울일 때 찾을 수 있다."

#6 화창한 날씨는 내 마음에 달려 있다

어떻게 하면 삶을 더 긍정적으로
바라볼 수 있을까요?

마르쿠스 아우렐리우스의 대답 | 명상록 제8장 43절 |

나는 내면의 지혜를 가꾸는 것을 좋아한다. 자신을 둘러싼 현실과 사람들을 다정한 마음으로 바라보고 감사하게 여기는 법을 배워보라. 그러면 올바른 관점에서 만물에 응당한 가치를 부여할 수 있을 것이다.

삶에 적용하는 심리학적 해설

내일 날씨가 아주 좋다고 상상해봅시다. 환상적인 햇살 아래 사람들은 미소 짓고 있습니다. 그런데 내면의 감정 상태가 좋지 않아서 모든 것이 부질없이 느껴진다고 생각해보세요.

내면의 환경을 최적의 상태로 가꾸고 보살피는 법을 배우세요. 내일 날씨가 흐려도 나의 '내면의 날씨'만 화창하다면 모든 일이 잘 풀릴 것입니다. 그렇게 되면 즐거운 기분과 차분함을 유지하기 쉽고 사람들과의 교류도 원활해질 것이고요.

자신을 괴롭히는 사고방식을 관찰하여 유익한 감정들과 분리해나간다면 외부의 어려움 속에서도 내면의 정원을 즐길 수 있을 것입니다.

✤   오늘의 아우렐리우스 문장

✤   내면의 날씨가 최악이었을 때를 돌아보고, 그때 날씨가 화창했다면
내 삶이 어떻게 달라졌을지 생각해보자.

'만약'에는 행복이 없다

#7

저는 야망이 큰 사람입니다. 직장에서도 인정받고
사회적으로도 성공해서 제가 원하는 모든 욕구와 쾌락을
충족하며 살고 싶습니다. 이게 잘못된 생각인가요?

마르쿠스 아우렐리우스의 대답 | 명상록 제6장 51절 |

명예를 좇는 사람은 다른 사람이 자신에 대해 하는 말이나 행동에 의지
하고, 쾌락을 좇는 사람은 자신의 욕망에 의지하며, 지혜를 좇는 사람은
자신의 행동에 의지한다.

무엇을 좇으며 살지 신중히 선택하라.

자신을 성찰하고 지혜를 구해야만 자아실현을 이루고 진정으로 자유
로워질 수 있다.

삶에 적용하는 심리학적 해설

우리가 생각하는 행복이란 무엇인지, 행복해지려면 어떻게 해야 하는지
를 아는 것이 중요합니다.

때로 우리는 직업적으로 성공하면 행복해질 것이라고 생각합니다.
혹은 부자가 되면, 아이가 있으면 행복할 거라고 생각하기도 합니다. 하
지만 직업적으로 성공하고, 돈도 많고, 아이도 있지만 여전히 삶이 불만

족스럽고 불행하며 공허한 사람들도 있습니다. 이는 행복을 엉뚱한 곳에서 찾기 때문입니다. 내부가 아닌 외부에서 행복을 구하고 있기 때문입니다. 달라이 라마는 "마음의 평화와 지혜는 자신이 만들어가야 한다"고 말했습니다.

어떤 사람이 되고 싶은가요? 야심에 찬 사람인가요, 아니면 마음이 평온한 사람인가요? 선택은 개인의 몫입니다.

DATE   .   .   ● 한 단계 더 들어가기

⚜   오늘의 아우렐리우스 문장

_____

_____

_____

_____

_____

_____

_____

_____

_____

_____

_____

❦　　내가 생각하는 행복한 삶의 모양이란 어떤 것인가?

나는 지혜를 좇고 있는가, 욕망을 좇고 있는가?

"지혜를 따르는 사람은 자신의 욕망이 아니라
그날그날의 행동을 준거점으로 삼고 반성한다."

#8 모든 것은 저마다의 아름다움이 있다

세상은 추하고 나쁜 것들로
가득 차 있습니다.

마르쿠스 아우렐리우스의 대답 | 명상록 제3장 2절 |

우리에게 일어나는 모든 일은 물론이고 자연 혹은 삶에서 우리가 싫어하는 부분조차도 그 나름의 아름다움을 담고 있다는 사실을 기억하라. 인생에 큰 도움이 될 수 있다. 삼라만상에는 그 진가를 알아보는 사람에게만 보이는 저마다의 매력이 있다.

삶에 적용하는 심리학적 해설

겉으로 보기에는 아름다운 조화도 냄새를 맡으러 다가가면 생화가 지닌 고유의 향기가 없다는 사실을 깨닫게 됩니다. 같은 이치로 자문해보세요. 나는 누구인가? 어떻게 하면 나의 우아하고 매력적인 측면을 찾을 수 있을까? 다른 사람에게서, 그리고 삶에서는 어떻게 해야 찾을 수 있을까?

비록 내가 보기에는 완벽하지 않을지라도, 세상에서 일어나는 모든 일들에는 나름의 조화와 아름다움이 있다는 것을 잊지 마세요.

❦   오늘의 아우렐리우스 문장

_____

_____

_____

_____

_____

❦   나의 성격 혹은 내 삶에서 가장 아름다운 측면은 무엇인가?

_____

_____

_____

_____

_____

_____

_____

_____

_____

_____

_____

_____

9

행복은 어울림을 통해 이루어진다

다른 사람과의 관계를 개선하려면
어떻게 해야 할까요?

마르쿠스 아우렐리우스의 대답 | 명상록 제6장 48절 |

이 사람의 에너지, 저 사람의 친절함, 그 사람의 관대함 등 주변 사람들의 긍정적인 자질을 꾸준히 되새겨보라.

주변 사람들의 장점을 이해하고 인정하는 것만큼 우리를 행복하고 만족스럽게 만드는 일은 없음을 깨닫게 될 것이다.

삶에 적용하는 심리학적 해설

우리는 늘 다른 이들의 영향을 받습니다. 외부 사람들에게 받은 인상이 세상을 바라보는 시각에 영향을 주고 이렇게 형성된 세계관이 감정에 영향을 줍니다. 또 감정은 행동과 우리가 얻는 결과에 영향을 미칩니다.

그렇다면 좋은 자질을 가진 주변 사람들이 주는 영향을 그대로 받아들이면 되지 않을까요?

당신은 어떤 유형의 사람들과 자주 소통하나요? 당신에게 좋은 영향을 미치는 사람들인가요? 그들과 어울릴 때 머리와 마음속에서 어떤 일이 일어나는지 면밀히 들여다보세요. 그러면 답을 찾게 될 것입니다.

⚜ 오늘의 아우렐리우스 문장

⚜ 어떤 사람들과 자주 어울리는가? 그들의 장점은 무엇인가?

10

행복을 내 손에 움켜쥐는 법

어떻게 하면
행운을 얻을 수 있을까요?

마르쿠스 아우렐리우스의 대답 | 명상록 제5장 36절 |

행운을 얻는다는 것은 좋은 습관을 기르고 좋은 자극을 받고 좋은 행동을 한다는 뜻이다. 다시 말해 바른 생각과 바른 말을 하고 바른 태도를 보여야 한다는 것이다. 이 모든 것은 나의 통제 하에 있으며 나에게 행운을 가져다줄 수 있다.

삶에 적용하는 심리학적 해설

나의 행복은 나 자신, 나의 긍정적인 사고방식, 나의 선택에 달려 있습니다. 오직 나만이 내 삶이 바르게 굴러가도록 이끌 수 있습니다. 행운이란 멀리서 갑자기 찾아오는 것이 아니라 내가 통제할 수 있는 것입니다. 바로 지금, 여기에서 내가 운이 좋은 사람이라고 느끼려면 무엇을 해야 할까요?

⚜   오늘의 아우렐리우스 문장

_____

_____

_____

_____

_____

⚜   행복이 멀리 있다고 느낀다면 그 이유는 무엇인가?

_____

_____

_____

_____

_____

_____

_____

_____

_____

_____

_____

불같은 감정은 모두를 다치게 한다

때로는 화를 낼 필요도 있다고 생각합니다.
화내지 않는 사람은 대부분 만만하게 대하니까요.

마르쿠스 아우렐리우스의 대답 | 명상록 제11장 18절 |

자신이 분노에 휩싸였다고 느낄 때는 그럴 만한 가치가 없다는 사실을 기억하라. 우리가 인간다울 수 있는 이유는 인내심과 친절함 때문이다. 이 두 가지를 갖춘 사람은 진정한 힘과 용기와 투지가 있는 사람이다. 분노를 표출하면서 불쾌감을 드러내는 사람은 힘이 없는 사람이다.

삶에 적용하는 심리학적 해설

석가모니의 말처럼, 화를 담아두는 것은 다른 사람에게 던지기 위해 뜨거운 석탄을 집어 드는 것과 같아 결국에는 자신이 화상을 입게 됩니다.

화가 난 상태로 성급하게 행동해서 좋은 결과를 얻은 적이 있었나요? 그런 적이 있었다면 그럴 만한 가치가 있는 일이었나요?

마르쿠스 아우렐리우스는 부정적인 감정에 휘둘리지 말라고 조언합니다. 그런 감정을 느낄 때 내가 치러야 할 비용과 그런 나를 상대해야 하는 사람이 치러야 할 비용이 너무 크기 때문입니다.

⚜   오늘의 아우렐리우스 문장

⚜   화가 난 채 성급하게 행동해서 후회한 적이 있는가? 왜 후회했는가?

12

행복은 지금 여기에 있다

휴식을 취하려면 어디가 좋을까요?
산이나 바다처럼 조용한 곳으로 떠나야 할까요?

마르쿠스 아우렐리우스의 대답 | 명상록 제4장 3절 |

많은 사람이 전원이나 해변, 산 같은 곳에서 휴식을 취하려고 한다. 하지만 내면으로의 침잠은 언제든지 가능하기 때문에 환경의 변화는 큰 의미가 없다. 평정심을 찾을 수 있는 곳은 그 어떤 외부 장소도 아닌 바로 자신의 영혼 속이다.

삶에 적용하는 심리학적 해설

스스로 만족하지 못한다면 아무리 천국에 있다 한들 행복할 수 없습니다. 하지만 내가 행복하다면 어디에 있느냐는 중요치 않습니다.

✤   오늘의 아우렐리우스 문장

_____

_____

_____

_____

_____

✤   열악한 환경에서 행복했던 적이 있는가? 그때의 내면은 어땠는가?

_____

_____

_____

_____

_____

_____

_____

_____

_____

_____

_____

_____

Stay Positive
with
Marcus Aurelius

제 **2** 장

내 인생은
내가 선택하는 것

13

덧없음을 알면 평화가 찾아온다

제가 가진 재산, 사는 집, 타는 자동차,
제가 사랑하는 사람들…
그 밖의 것들은 저에게 그다지 중요하지 않습니다.
제가 중요시하는 것들이 잘못됐나요?

마르쿠스 아우렐리우스의 대답 | 명상록 제4장 3절 |

인생이 얼마나 빨리 지나가는지 보라. 내가 있기 전에 이미 영원이 그 자리에 있었고 내가 이 세상을 떠난 후에도 영원은 계속 남아 있을 것이다.

이런 관점에서 보면 다른 사람, 내가 가진 것, 나의 문제, 그 밖의 모든 것이 무의미해진다. 우리는 지나가는 문제를 떠안고 잠시 머물다 가는 존재일 뿐이다.

삶에 적용하는 심리학적 해설

우리는 모든 것이 끊임없이 변하면서 빠르게 흘러가는 '물'과 같은 세상에 살고 있습니다. 쉴 새 없이 바뀌는 정보를 쏟아내며 우리를 '중독'시키는 불확실하고 불안정하고 혼란스러운 세상이지요.

이런 세상에서 어떻게 평정과 고요를 찾을 수 있을까요? 다른 사람을 기분 좋게 하는 데서 마음의 평화를 찾을 것인가요? 돈에서 찾을 것인가요? 권력에서? 혹은 여행이나 다양한 즐길 거리에서?

삶은 한순간에 바뀔 수 있는데, 어느 순간 모든 것을 몽땅 잃어버리거나 남기고 떠나야 할 수도 있는데, 왜 공허하고 일시적이고 의미 없는 것들을 좇고 있나요?

내면에서 평정을 찾으세요. 명상을 하거나 심리적 자원을 개발하고 정신적 힘을 기르는 방식으로 마음의 평안을 찾을 수 있습니다. 그래야 외부의 어떤 방해물도 나의 평화를 깨뜨리지 못할 것입니다.

DATE   .   .   ● 한 단계 더 들어가기

⚜   오늘의 아우렐리우스 문장

✤　　내면의 평화를 방해하는 것은 무엇인가?

　　　내면의 평화를 찾기 위한 나만의 방법은 무엇인가?

"인생에서 붙잡을 수 없는 것들은
그냥 내버려두어라.
거기서 마음의 평화가 찾아온다."

14

마음의 힘은 어디에서 나오는가

관리해야 할 업무가 있고 맡아야 할 책임이 있지만
주어진 일을 할 만한 용기도, 힘도 느껴지지 않습니다.

마르쿠스 아우렐리우스의 대답 | 명상록 제6장 29절 |

아직 사지가 멀쩡한 인생의 이 순간에 정신이 신체 앞에 무릎을 꿇다니
부끄러운 일이다.

삶에 적용하는 심리학적 해설

의지력이 있어도 사용하지 않는다면 무슨 소용일까요? 의지력도 근육
처럼 꾸준히 단련해야 힘이 붙습니다. 삶을 일깨우고 다양한 영감을 주
는 내적 힘을 찾는 것은 자신의 몫입니다. 그리고 매일같이 그 불을 지피
는 법을 배우는 것 역시 자신의 책임입니다.

　이러한 책무를 감당할 힘을 주는 것은 무엇일까요? 신체일까요, 정신
일까요? 내면의 힘은 생각보다 훨씬 더 강합니다.

DATE   .   .

⚜ 오늘의 아우렐리우스 문장

⚜ 내면의 근육을 키우기 위해 지금 내가 익혀야 할 습관은 무엇인가?

15

타협하지 않을 나만의 원칙

사악한 의도를 가진 사람들이 이렇게나 많은 세상에서
어떻게 평정심을 유지할 수 있죠?

마르쿠스 아우렐리우스의 대답 | 명상록 제6장 47절 |

자신에게 가장 중요한 가치에 집중하라. 자신과 다른 사람에게 솔직해
져라. 좋은 사람이 돼라. 그리고 거짓말을 하거나 부당하게 구는 사람들
에 대한 인내심을 길러라. 이들을 피할 수는 없다. 이들의 나쁜 행동에
영향을 받지 말라.

삶에 적용하는 심리학적 해설

거짓말쟁이와 부당한 사람들만 가득한 세상으로 여행을 간다고 상상해
봅시다. 이들과 함께 산다고 나의 가치와 양심을 잃어버려야 한다고 생
각하나요? 우리는 하루하루 온갖 종류의 사람들을 만납니다. 우리에게
좋은 영향을 주는 사람도 있고 그렇지 않은 사람도 있습니다. 부정적인
영향으로 인해 나의 원칙과 타협하지 않는 게 중요합니다. 떳떳한 마음
은 값을 매길 수 없으니까요.

⚜   오늘의 아우렐리우스 문장

⚜   어떤 방해에도 흔들리지 않을 나의 가치와 신념은 무엇인가?

#16   옳다고 믿는 일을 해내는 용기

저를 나쁜 길로 끌어들이려는 사람들을
물리치려면 어떻게 해야 할까요?

마르쿠스 아우렐리우스의 대답 | 명상록 제12장 17절 |

자신의 가치와 맞지 않는 일이 있다면 하지 말라. 직접 상황을 따져보고
옳은 일을 하라.

삶에 적용하는 심리학적 해설

마음속 깊은 곳에서 우리는 이미 무엇이 옳고 그른지 알고 있습니다. 성
인이라면 자신에게 하지 않을 일은 남에게도 해서는 안 된다는 것쯤 알
고 있지요. 그런데 가끔은 아무것도 모른다는 듯 행동하기도 합니다.

삶에서 이런 순간에 맞닥뜨렸을 때 자신이 하는 생각, 행동, 말이 충
분히 윤리적으로 느껴지나요? 아니라면 개선할 수 있나요?

더 옳고 인간다운 일을 하기 위해 삶의 어떤 측면을 개선한다면, 이때
방해가 되는 요소는 무엇인가요? 살면서 "모두가 다 하니까"라며 따라
하지만 사실은 그것이 옳다고 느껴지지 않는 일이 있나요? 좀 더 진실된
삶에 가까이 다가가려면 무엇을 바꿔야 할까요?

인간으로서의 가치가 없는 삶은 행복하기 힘듭니다.

⚜   오늘의 아우렐리우스 문장

⚜   어떤 보편적인 삶의 가치가 옳지 않다고 느낀 적이 있는가?
      그것은 내가 가진 삶의 가치와 어떤 차이가 있었는가?

17

누구의 말에 귀를 기울이는가

저는 다른 사람들의 눈치를 많이 봅니다.
눈치를 덜 보고 자존감을 높이려면 어떻게 해야 할까요?

마르쿠스 아우렐리우스의 대답 | 명상록 제12장 4절 |

자신보다 다른 사람의 의견을 중요시한다면 어떻게 자신을 존중한다고
말할 수 있겠는가?

삶에 적용하는 심리학적 해설

삶에서 긍정적인 것들을 이루고 자신을 사랑하는 데 방해가 된다면, 그
렇게 훼방만 놓는 목소리에 왜 귀를 기울이는가요?

　인생에서 애인, 부모, 친구, 동료 등에게 거부당했다고 느꼈던 상황을
기억해보세요. 그런 경험을 통해 무엇을 배웠나요?

❧   오늘의 아우렐리우스 문장

❧   타인에게서 거부당했던 경험이 있는가?
      그로부터 벗어나기 위해 어떤 노력을 기울였는가?

외부의 비판에 흔들리지 않는 법

사람들의 비판에 매우 쉽게 기분이 상합니다.
어떻게 해야 할까요?

마르쿠스 아우렐리우스의 대답 | 명상록 제4장 11절 |

기분을 상하게 하는 사람이 있더라도 그 사람이 해석하는 식으로 상황을 판단하거나 그 사람에게 휘둘려 의견을 바꿔서는 안 된다. 상황을 있는 그대로 객관적으로 바라보라.

삶에 적용하는 심리학적 해설

의도를 가지고 공격하는 사람들의 의견에 휘둘려서는 안 됩니다. 그러한 상황에서도 평정심을 유지하고 인내심을 보이면 바보가 되는 사람은 상대뿐입니다. 그러나 화를 참지 못하고 덩달아 공격적인 반응을 보인다면 이제 나도 함께 바보가 되는 것입니다.

제정신이 아닌 사람이 나를 신이라고 칭찬하거나 악마라고 모욕한다면 그의 말이 신경 쓰일까요? 일상에서 나를 기분 상하게 하려는 사람을 대할 때도 같은 이치로 생각하면 됩니다.

다른 사람의 비판에 지나치게 무게를 두면 자신을 짓누르는 무게도 그만큼 커질 수밖에 없습니다.

● 한 단계 더 들어가기

⚜   오늘의 아우렐리우스 문장

_____

_____

_____

_____

_____

⚜   주로 어떤 비판에 마음이 흔들렸는가?
     왜 그런 비판을 들었다고 생각하는가?

_____

_____

_____

_____

_____

_____

_____

_____

_____

_____

#19 나보다 타인에게 신경 쓰고 있다면

다른 사람을 위해 많은 것을 희생하며 살다 보니
이제는 저를 먼저 생각하는 것이 어렵습니다.

마르쿠스 아우렐리우스의 대답 | 명상록 제7장 34절 |

정신이라는 것이 얼마나 기이한지 잘 살펴보라. 다른 사람들이 하는 생각의 본질을 관찰할 때 그들이 어떤 사람인지, 무엇을 회피하고 추구하는지, 그리고 거기에 얼마나 많은 에너지를 쏟는지 잘 살펴보라.

하지만 해변의 모래가 파도에 휩쓸려온 모래에 순식간에 뒤덮이듯이 모든 것은 빠르게 변한다.

모든 게 한때이다. 과거에 연연하지 마라.

삶에 적용하는 심리학적 해설

다른 사람을 기쁘게 하는 일을 지나치게 중시하는 사람이 있다고 해봅시다. 사람들이 자신을 나쁘게 생각하지는 않을까 하는 걱정에 사로잡힌 나머지 자신의 가치관도 버리고 자신을 희생하며 누구나 좋아하는 사람이 되기 위해 부단히 노력할 테지요. 그러다 인생의 막바지에 이르러서야 자기 삶은 온데간데없고 타인을 위해 아무런 가치가 없는 희생을 하며 살았다는 사실을 깨닫습니다.

마르쿠스 아우렐리우스는 인생의 모든 것이 얼마나 헛되고 덧없는지를 일깨워줍니다. 다른 사람의 의견은 모래 위에 쓰인 글자처럼 금세 희미해지지만 자신의 가치관과 양심을 지키는 일은 바위 위에 쓰인 글자처럼 오래갑니다.

DATE   .   .   ●   한 단계 더 들어가기

✤   오늘의 아우렐리우스 문장

❖ 나 자신보다 더 신경이 쓰이는 사람이 있는가?
그에게 인생을 걸 만한 중요한 가치가 있는지 생각해보자.

"해변의 모래가 파도에 휩쓸려온 모래에
순식간에 뒤덮이듯이 모든 것은 한때이다."

20

내 결정을 타인에게 미루지 말라

거절할 용기가 없어서
다른 사람이 원하는 대로 끌려 다닐 때가 있습니다.

마르쿠스 아우렐리우스의 대답 | 명상록 제5장 10절 |

다음 두 가지를 생각하면 마음이 놓일 것이다.

첫째, 일어나지 않을 일은 절대로 일어나지 않는다. 모든 일은 우주의 섭리에 따라 일어난다.

둘째, 아무도 나의 가치관이나 내면의 신성에 반하는 행동을 하도록 강요할 수 없다. 나의 행동을 통제할 수 있는 것은 항상 나 자신이다.

삶에 적용하는 심리학적 해설

내가 스스로의 신념, 원칙, 가치를 저버리고 영혼의 목소리에 귀를 닫도록 강제할 수 있는 사람이 있을까요?

오직 나만이 나의 의지에 따르거나 반하여 생각하고 말하고 행동할 수 있을 따름입니다.

⚜   오늘의 아우렐리우스 문장

⚜   거절할 용기가 없다는 핑계로 나의 행동과 책임을 다른 사람에게 맡
        기고 있지 않은지 생각해보자.

21

세상으로부터 나를 지키는 힘

일상적인 문제(직장, 가족, 감정 등)로 인해
에너지가 전혀 충전되지 않는다면 어떻게 해야 할까요?

마르쿠스 아우렐리우스의 대답 | 명상록 제6장 12절 |

새어머니와 친어머니가 있다고 가정해보자. 새어머니에게도 자식 된 도리를 다하겠지만 아마도 친어머니가 더 편안하게 느껴질 것이다. 세속적인 활동과 철학의 관계도 마찬가지다. 세속의 활동에도 노력을 기울이겠지만 진정한 철학의 품을 그리워한다면 언제든지 그곳으로 돌아가라. 철학을 따르면 세상의 활동과 그로 인한 문제에 잘 대처할 수 있다.

삶에 적용하는 심리학적 해설

오늘날 많은 사람은 명상이나 자신을 성찰할 수 있는 다른 훈련을 통해 의도적으로 휴식을 취함으로써 뇌와 몸을 최적의 상태로 회복시킵니다. 철학을 배우고 세상을 인식하는 여러 방법을 익힐 수 있다면, 우리는 주어진 상황을 과장되게 해석하지 않고 더 건강하게 사는 비결을 얻을 수 있을 것입니다.

여러분은 어떤가요? 자신의 배터리를 어떻게 충전하나요?

❧   오늘의 아우렐리우스 문장

_____

_____

_____

_____

_____

_____

❧   세상으로부터 벗어나 힘을 회복하는 '나만의 동굴'이란 무엇인지 적
    어보자.

_____

_____

_____

_____

_____

_____

_____

_____

_____

_____

22

험담은 나를 깎아내릴 뿐이다

제가 험담하기 좋아한다는 사실을 인정해야겠습니다.
다른 사람의 삶에 무슨 일이 일어나는지 알고 싶고
때로는 비난하기까지 합니다.

마르쿠스 아우렐리우스의 대답 | 명상록 제4장 18절 |

다른 사람이 무슨 말을 하고 어떤 행동을 하고 어떻게 생각하는지 신경
쓰지 않고 오로지 자신의 일에만 집중한다면 얼마나 많은 시간이 거저
생기겠는가?

다른 사람의 싫은 점을 거울삼아 똑같이 행동하지 않도록 노력하라.

삶에 적용하는 심리학적 해설

타인에 대한 관심을 줄이면 얼마나 많은 시간과 에너지를 아낄 수 있을
까요? 다른 사람이 무슨 생각을 하는지, 어떤 행동을 하는지는 그만 신
경 쓰고 어떻게 하면 가치와 미덕을 지닌 좋은 사람이 될 수 있는지를 고
민하세요.

스스로 발전하고 성장하는 데 관심이 있다면 다른 사람의 싫은 점을
거울삼아 자신의 그런 점을 고치려고 노력하세요. 타인의 단점이 내게도
있다면 이번 주에는 어떻게 그런 점을 개선할 수 있을지 고민해보세요.

❧   오늘의 아우렐리우스 문장

❧   타인의 허물에 관심을 쏟는 나의 모습은 어떠한가?

#23 남들의 평가에 흔들리지 말라

제 능력을 의심받는다고 느낄 때면
자주 의욕을 잃고 목표를 놓칩니다.

마르쿠스 아우렐리우스의 대답 | 명상록 제4장 18절 |

주변의 일로 인해 흔들리지 말라. 방황하지 말고 똑바로 나아가라. 그러면 목표에 더 쉽게 도달할 것이다.

삶에 적용하는 심리학적 해설

다른 사람을 신경 쓰지 말고 자신을 관찰하세요. 다른 사람의 반응보다는 자신의 강점에 집중하는 습관을 들이세요. 내가 긍정적인 성과를 내고 있는 게 확실한데 나를 믿지 않는 사람들 때문에 낙담해야 할 이유가 있을까요?

목표를 추구하다 보면 나의 길을 가로막는 장벽에 맞닥뜨리기도 하고 나를 비난하고 밀어내려는 사람을 마주하기도 합니다. 장애물이란 우리가 목표에 집중하지 못할 때 생기는 것입니다.

마음이 흐트러졌다면 '내가 지금 흔들렸구나'라고 자각하고 받아들이세요. 그런 다음 다시 균형을 잡으려고 노력하세요. 내 삶에 긍정적인 문을 열어줄 길 위에 나의 주의와 생각과 감정과 행동을 올려놓으세요.

✤   오늘의 아우렐리우스 문장

✤   타인의 평가나 반응으로 흔들렸던 경험이 있는가?
      그들의 평가가 내 능력에 어떠한 영향을 주었는가?

24

나만의 관점을 지키는 법

가정의 화목을 위해 제 의견을 접는 게 나을까요,
의견이 다르더라도 제가 옳다고 생각하는 것을
밀어붙이는 게 나을까요?

마르쿠스 아우렐리우스의 대답 | 명상록 제4장 46절 |

가족을 존중하면서도 그저 '가족이라는 이유만으로' 해롭고 부정적인
의견을 무턱대고 받아들여서는 안 된다. 오로지 전통이나 관습, 과거의
경험을 근거로 삼아 "나는 이렇게 배웠어"라는 말로 나쁜 행동을 정당
화하는 것 또한 바람직하지 않다.

우리는 각자의 행동에 책임을 져야 하고 우리에겐 우리의 인생을 선
택할 힘이 있다.

삶에 적용하는 심리학적 해설

'항상 이렇게 해왔으니까'라는 이유만으로 어떤 행동을 할 때가 있나
요? 혹은 다른 사람의 말이나 행동이 진실을 담고 있는지 고민해보지도
않고 그대로 따라 할 때가 있나요?

마르쿠스 아우렐리우스는 자신만의 관점을 가지라고 강조합니다. 다
른 사람의 말을 듣고 판단을 내리는 것도 중요하지만 타인의 의견과 조

언을 맹목적으로 좇아서는 안 된다는 것입니다.

어렸을 때 부모님이나 가까운 사람들에게 많이 들었던 말을 생각해 보세요. 어린아이의 마음은 눈에 보이고 귀에 들리는 모든 것을 흡수하는 스펀지와 같습니다.

우리는 다른 사람의 말과 행동을 따라 하면서도 그 사실을 모를 수 있습니다. 그게 익숙하기 때문이지요. 주변 사람에게서 '받아들인' 것들 중 사실은 그와 다르게 생각하거나 행동하는 게 더 나았던 경우가 있나요?

DATE   .   .   ● 한 단계 더 들어가기

⚜   오늘의 아우렐리우스 문장

❧ 우리에게 익숙했던 관습이 족쇄가 됐던 경우가 있는가?
그와 다른 관점에서 내 의견을 어떻게 제시할 것인가?

"잠이 들어서 꿈속에서 살아가는 사람들처럼
행하고 말해서는 안 된다."

25

타인의 인정을 갈구하지 않기

살면서 성공을 거두지 못하거나 다른 사람의 인정을
받지 못하면 쓸모없는 실패자처럼 느껴져요.

마르쿠스 아우렐리우스의 대답 │ 명상록 제8장 52절 │

이 세상에는 방향을 잃은 사람들이 많다. 사람으로 산다는 것의 진정한
목적이 무엇인지도 모르고 이 세상이 어떻게 움직이는지, 자신이 지금
있는 곳이 어디인지 이해하지도 못하는 이들이 있다. 심지어 이런 고민
조차 안 하는 사람이 수두룩하다.

　자신이 가야 할 길도 모르는 어리석은 사람들에게 인정을 받는 게 의
미가 있을까?

삶에 적용하는 심리학적 해설

인생의 신비를 이해하는 데 관심이 없고 존재에 대해서는 아무것도 모
르며 고결한 삶의 목적이 없는 피상적인 사람들에게 박수를 받으려 애
쓰는 게 무슨 소용이 있을까요? 그런 사람들의 비난을 두려워할 필요가
있을까요?

　다른 사람이 좋아하는 말과 행동을 하고 환심을 얻기는 쉽습니다. 하
지만 장기적으로 이것이 행복을 가져다주지는 않을 것입니다. 늘 모든

사람을 기쁘게 할 수는 없는 노릇이기도 하거니와 오래도록 지속되는 진정한 행복은 다른 사람이 아닌 나 자신에게서 나오기 때문이지요.

타인의 인정을 받으려고 애쓰고 있나요? 그 사람이 어떻게 생각하든 상관 말고 내게 옳다고 느껴지는 일을 하면 어떨까요? 어떤 기분일까요?

DATE   .   .   ● 한 단계 더 들어가기

⚜   오늘의 아우렐리우스 문장

_____

_____

_____

_____

_____

_____

_____

_____

_____

_____

_____

_____

_____

_____

❀   익명의 사람들에게 인정받지 못해 안달이 난 경우가 있는가?

　타인의 인정과 상관없이 꿋꿋이 나아갈 '나의 길'이란 무엇인가?

"자신이 어디로 가는지도 모르는
어리석은 사람들을 두려워하거나
그들에게 인정받으려 하지 말라."

26

불행을 극복하는 태도

저는 패배자예요.
모든 게 저의 의지와는 반대로 가는 것 같아요.
직장에서도 쫓겨났어요. 이제 제 인생은 어떻게 될까요?

마르쿠스 아우렐리우스의 대답 | 명상록 제4장 49절 |

불행이 찾아와 불만스러운 상황에서는 정직하고, 진실하고, 친절하고, 겸손한 사람이 되지 못하는 건가? 혹은 희망을 가지고, 신뢰를 쌓고, 인간 본연의 가치를 발휘할 수 없는 건가?

속상한 일이 생길 때마다 이걸 기억하라. 불편한 상황을 겪어야 하는 것은 수치스러운 일이 아니다. 오히려 그런 상황을 철학적으로 받아들이고 본성을 지켜낼 수 있는 능력이 미덕이다.

삶에 적용하는 심리학적 해설

내게 벌어지는 일을 통제할 수는 없지만 그에 대한 태도는 내가 결정할 수 있습니다. 외부의 사건들 때문에 긍정적인 태도를 유지하기가 어려운가요?

불행이 닥친 상황에서도 견디며 긍정적인 태도로 살아가는 사람을 생각해보세요. 그 사람에게서 무엇을 배울 수 있을까요?

✤　　　오늘의 아우렐리우스 문장

✤　　　어려운 상황에 처했을 때 나의 태도는 어땠는가?
　　　힘든 상황에도 좌절하지 않고 견딘 적이 있는가?

#27 위기일수록 자신의 선택을 신뢰하라

어려운 상황에 빠질 때면
맞서 싸워야 할지, 견뎌야 할지, 변화를 도모해야 할지
모르겠습니다. 여러 사람의 조언 사이에서
어떤 결정을 내려야 할지 갈피가 잡히지 않습니다.

마르쿠스 아우렐리우스의 대답 | 명상록 제5장 29절 |

심각한 화재가 발생했을 때는 탈출해야 한다. 그런 상황에서 빠져 나오는데 왜 고민을 하는가? 살아만 있다면 예전처럼 자유를 누리며 다른 사람의 의견에는 아랑곳하지 않고 옳다고 생각하는 일을 할 수 있을 텐데.

삶에 적용하는 심리학적 해설

인생이 내게 어딘가로 떠나거나 변화할 것을 요구한다면 그래도 될 것입니다. 하지만 꼭 그렇게 해야만 하는 이유가 없다면 다른 사람에게 내 결정을 맡기지 마세요. 그 상황에 처한 사람은 나인데 왜 다른 사람에게 주도권을 넘기려 하나요?

내 인생의 CEO는 바로 나입니다.

✤   오늘의 아우렐리우스 문장

_____

_____

_____

_____

_____

✤   남들의 조언보다 나의 실천이 더 효과적이었던 때가 있는가?
      그때의 나의 관점은 무엇이었는가?

_____

_____

_____

_____

_____

_____

_____

_____

_____

_____

_____

28

내가 고통스러운 이유

중요한 문제 앞에서
늘 불안과 스트레스에 시달립니다.

마르쿠스 아우렐리우스의 대답 | 명상록 제4장 3절 |

다음 두 가지를 명심하면 부담감을 낮추고 편안해질 수 있을 것이다.

(1) 내가 고통스러운 이유는 나의 생각 때문이다. 스스로에 대한 생각, 타인에 대한 생각, 삶과 문제에 대한 생각 때문에 괴로운 것이다. 삶은 객관적이고 외부적인데 내 안의 생각은 주관적이기 때문에 이를 잘 관리하지 않으면 고통스러울 수 있다.

(2) 내 눈에 보이는 모든 것, 나에게 일어나는 모든 일은 끊임없이 변하고 사라지고 형태가 바뀌기도 한다. 지금껏 살아오면서 많은 것이 변하고 바뀌는 모습을 보았을 것이다. 쉴 새 없이 변화하는 주변 사물들에 대한 나의 생각을 어떻게 관리하느냐, 즉 내게 일어나는 일을 어떻게 바라보고 판단하느냐에 따라 삶의 질이 좌우된다.

삶에 적용하는 심리학적 해설

나를 고통스럽게 만드는 모든 것은 나의 접근 방식, 나의 생각, 상황을 받아들이는 나의 능력에서 옵니다. 내게 일어나는 일을 냉정하게 그리고 낙관적으로 받아들이는 법을 배운다면 삶과 늘 친밀한 관계를 유지할 수 있을 것이고 좋은 일들을 해내기가 쉬워질 것입니다.

　나를 괴롭히는 것, 지금 이 순간 내 삶에서 스트레스와 불안을 일으키는 요인에 대해 생각해보세요. 내가 괴로운 것이 정말로 그 사실 또는 상황 자체 때문인가요? 아니면 그것이 불러일으키는 부정적인 느낌, 감정, 또는 내가 가진 생각 때문인가요?

DATE 　　.　　.　　　　　　　　　　● 한 단계 더 들어가기

❀　　오늘의 아우렐리우스 문장

※ 삶에서 가장 고통스러웠던 순간이 있었는가?
그때에 내가 고통을 대하는 방식은 어떠했는가?

"내가 고통스러운 이유는
외부의 어떤 문제나 사람, 사물 때문이 아니라
그것에 대한 나의 생각 때문이다."

29

나의 품격을 높여 존중받는 법

어느 쪽이 나을까요?
나의 확고한 가치를 지키느라 다른 이들에게
공격적인 사람으로 인식되는 것? 아니면 순순한 태도로
다른 이들의 기분을 좋게 하려고 애쓰는 것?

마르쿠스 아우렐리우스의 대답 | 명상록 제11장 18절 |

다른 사람과 불화를 일으키는 일은 피해야 하겠지만 의미 없이 칭찬을 남발하는 것도 지양해야 한다. 두 가지 태도 모두 사회에서 함께 어울려 살아가는 데 도움이 되지 않고 오히려 상처만 줄 수 있다. 자신의 개성을 지키며 자신에게 진심으로 대하고 주변 사람들 때문에 흔들리지 말라.

삶에 적용하는 심리학적 해설

타인에 대한 집착은 감정적 의존으로 이어집니다. 사람들이 상처를 주는데도 가만히 있으면 슬픔과 분노만 커지겠지만, 사람들이 나를 존중하게 한다면 자존감과 자신감을 높일 수 있습니다. 다른 사람에게 감정적으로 의존할 경우 늘 그들의 반응을 살피느라 마음이 멈추지 않는 롤러코스터를 타게 될 것입니다. 그 누구도 내 마음의 평화를 빼앗을 자격은 없습니다.

⚜   오늘의 아우렐리우스 문장

⚜   다른 사람의 기분을 맞춰주느라 나를 잃은 적이 있는가?
       다른 사람에게 존중받기 위한 나만의 태도는 무엇인가?

#30 인생의 우선순위에 놓아야 할 것들 。

어떻게 하면 시간 관리를 잘할 수 있을까요?
어떤 활동에 시간을 더 쓰고 어떤 것에 덜 써야 할까요?

마르쿠스 아우렐리우스의 대답 | 명상록 제4장 32절 |

첫 단계로는 자신에게 무엇이 가장 중요한지 결정해야 한다. 우선순위
를 알고 있다면 각각의 활동에 필요한 만큼만 시간을 쏟을 수 있다. 그러
면 나중에 가서 중요하지 않은 일에 너무 많은 시간을 썼다고 후회할 일
은 없을 것이다.

삶에 적용하는 심리학적 해설

사물, 사람 혹은 상황을 필요 이상으로 중요시하지 않는 게 좋습니다. 반
대로, 인생에서 덜 중요한 것들에 집착하느라 정작 충분한 시간과 노력
을 쏟아야 할 부분은 무시하고 있지 않은지 살펴보세요.

⚜   오늘의 아우렐리우스 문장

⚜   인생에서 시간을 들여 완성해야 할 목표에 순위를 매기고 리스트를
      작성해보자.

31

모든 일에는 이유가 있다

저는 일을 열심히 하고 일에 자부심도 있습니다.
능력을 인정받으면 더 잘하고 싶어집니다.
일은 우리에게 자존감을 심어준다고 생각합니다.

마르쿠스 아우렐리우스의 대답 | 명상록 제9장 12절 |

일을 위한 일 혹은 인정 욕구를 채우기 위한 일은 지양해야 한다. 그 일을 왜 하는지에 대한 명확한 생각이 있어야 한다.

삶에 적용하는 심리학적 해설

내가 근무 시간을 채우는 이유는 책임을 다하기 위해서인가요, 아니면 사회에 기여하기 위해서인가요? 혹시 남들에게 인정을 받기 위해, 승진하기 위해, 또는 그저 다른 목적이 없어서 일에 인생을 바치고 있지는 않은가요?

어떤 일에 몰두할 때는 왜 그 일을 하는지 스스로에게 물어보고, 들어가는 노력만큼의 가치가 있고 중요한 일인지 생각해보아야 합니다. 그렇게 되물었을 때, 지금 인생에서 하는 일들에 들이는 시간과 에너지를 조정할 수 있을 것입니다.

⚜   오늘의 아우렐리우스 문장

_____

_____

_____

_____

_____

⚜   지금 하는 일을 선택한 이유는 무엇인가?

     충분히 시간을 들여 할 만한 가치가 있는가?

_____

_____

_____

_____

_____

_____

_____

_____

_____

_____

_____

32

'나의 소유가 곧 나'라는 착각

중요한 일을 맡고 있어서 많은 사람이
저와 제 결정에 영향을 받습니다.
그러나 인생의 의미처럼 답이 없는 질문에 대해서는
어떤 결정도, 판단도 내릴 수가 없습니다.

마르쿠스 아우렐리우스의 대답 | 명상록 제6장 13절 |

자만심은 속임수에 능하다. 내가 세상에서 제일 중요한 문제를 해결하고 있다고 생각할 때가 바로 자만심의 주문에 휘둘리고 있는 때이다.

삶에 적용하는 심리학적 해설

자만심은 자신을 실제보다 더 중요한 사람이라고 생각할 때 또는 나의 몸, 내 의견, 내가 선택한 종교, 집, 자녀, 직업처럼 '내 것'을 지나치게 중요시할 때 생겨납니다. 하지만 이 모든 것은 마음의 속임수일 뿐입니다. 어느 속담에서도 말하듯이, 배가 난파되어도 잃어버릴 수 없는 것만이 진정한 나의 소유물입니다.

난파되어도 절대 잃어버릴 일이 없는 진짜 나만의 것은 무엇인가요?

DATE   .   .   ● 한 단계 더 들어가기

⚜   오늘의 아우렐리우스 문장

⚜   내가 소유한 것들에 대해 지나치게 집착했던 적이 있는가?
       배가 난파되어도 잃지 않을 진정한 나만의 것은 무엇인가?

Stay Positive
with
Marcus Aurelius

제 3 장

주어진 운명과
내가 만드는 운명

33

결말을 모르는 영화의 주인공처럼

인생에 위기가 닥쳤을 때
불확실한 현실을 잘 받아들이려면 어떻게 해야 할까요?

마르쿠스 아우렐리우스의 대답 | 명상록 제4장 26절 |

나에게 일어나는 일은 내가 선택할 수 있는 게 아니다. 나에게 다가온 통제할 수 없는 모든 일을 받아들여라. 모든 게 '자연의 섭리'에 따라 그렇게 결정된 것이다. 확실하게 통제할 수 있는 긍정적 요소에 집중하여 위기를 하나씩 해결해나가는 편이 더 낫다.

삶에 적용하는 심리학적 해설

우리는 '감독'이 정해준 배역을 연기하는 사람에 지나지 않습니다. 대본을 쓰는 사람도 아니고, 대본의 전체 내용을 아는 것도 아니며, 그런 대본을 쓸 능력도 없습니다. 우리는 그저 수많은 배우 중 한 명일 뿐입니다.

연기해야 할 장면이 마음에 안 든다는 이유로 영화를 바꿀 수 있다고 생각하나요? 나에게 일어나는 일은 바꿀 수 없지만 주어진 상황에서 최선의 선택은 할 수 있습니다. 그러면 모든 것이 달라질 것입니다.

우리는 감독이 아니지만 영화의 주인공입니다. 자신이 맡은 역할을 최선을 다해 연기하세요.

● 한 단계 더 들어가기

⚜   오늘의 아우렐리우스 문장

_____

_____

_____

_____

_____

⚜   불확실한 인생에서 내가 변화시킬 수 있다고 믿는 건 무엇인가?

_____

_____

_____

_____

_____

_____

_____

_____

_____

_____

#34 어려운 사람일수록 친절하게 대하라

무지한 사람들을 어떻게 이해해야 할까요?

마르쿠스 아우렐리우스의 대답 | 명상록 제2장 13절 |

때로는 삶에서 길을 잃은 사람들에게도 연민을 느껴야 한다. 검은색과 흰색을 구분하지 못하는 눈먼 사람들이나 마찬가지기 때문이다. 무지해서 옳고 그름을 구별하지 못하는 것이다.

삶에 적용하는 심리학적 해설

십자가의 성 요한의 말처럼, 이 시대를 살아가는 사람들은 엉뚱한 곳에 사랑을 쏟고 있습니다. 대부분의 사람들이 우선순위로 두는 가치로 인해 고통은 늘어나고 평안과 지혜와 행복은 줄어들고 있습니다. 돈이나 권력, 쾌락 같은 목표 말이지요. 지속적인 내적 충족 또는 행복과는 거리가 먼 것들을 추구하며 삶을 허비했음을 나중에야 깨닫습니다.

우리는 대개 자신의 고통을 이겨내느라 다른 사람들의 상황은 짐작하지 못합니다. 그렇기에 모두를 향한 친절과 연민은 무척 중요합니다. 예수는 이렇게 말했습니다. "아버지, 자신이 무슨 일을 하고 있는지도 모르는 저들을 용서하십시오."

⚜   오늘의 아우렐리우스 문장

_____

_____

_____

_____

_____

⚜   쉽게 이해 못할 타인이라도, 충분한 친절과 연민으로 대하고 있는가?

_____

_____

_____

_____

_____

_____

_____

_____

_____

_____

_____

이해하려면 먼저 들어줄 것

자신과 너무도 다른 사람들을
이해하고 잘 지내려면 어떻게 해야 할까요?

마르쿠스 아우렐리우스의 대답 | 명상록 제6장 53절 |

다른 이가 하는 말을 진심을 다해 들으려는 연습을 하고 그 사람의 입장
이 되려고 노력해보라.

삶에 적용하는 심리학적 해설

여름이 끝나고 직장 동료가 여름휴가는 어땠냐고 묻는다고 상상해봅시
다. 그런데 이 사람이 내 답변을 듣기도 전에 자기 이야기를 시작합니다.
그러면 나는 이 동료가 자기 휴가 이야기를 들려주고 싶어서 마치 내 휴
가 이야기가 궁금한 척 질문했다는 걸 알고 실망할 것입니다. 그렇지만
이 동료가 진짜 원했던 건 자기 이야기를 들어줄 사람이었을 것입니다.

진심으로 듣기 위해서는 주의와 집중, 순수한 관심, 공감이 필요합니
다. 누군가의 이야기를 들을 때 그 사람이 이야기하려는 목적을 알려고
하나요? 어쩌면 그가 바라는 건 그저 자신의 감정을 표출하고, 인정받
고, 곁에 누군가가 있어주는 것뿐일 수 있습니다.

❧   오늘의 아우렐리우스 문장

_____

_____

_____

_____

_____

❧   **나와는 너무 다른 사람들과 마주할 때 나의 태도는 어떠한가?**

_____

_____

_____

_____

_____

_____

_____

_____

_____

_____

_____

#36 주어진 운명에도 의미가 있다

운명을 받아들이는 것은 순응하는 것이나 마찬가지
아닌가요? 여의치 않은 상황을 받아들이면 끝내
희망이 싹틀 것이라는 생각이 들지 않습니다.

마르쿠스 아우렐리우스의 대답 | 명상록 제5장 8절 |

주어진 운명을 받아들이고 필연적인 난관을 이겨내려고 마음먹었다면
좋은 방향으로 가고 있다는 희망을 품고 나아가라. 당장은 이해가 되지
않더라도 내게 일어나는 모든 일에는 나름의 의미가 있기 때문이다.

　의사가 건강해지라고 약을 처방해주었는데 먹지 않는다면 무슨 소용
이 있겠는가? 의사가 환자의 건강을 위해 하기 싫은 활동이나 먹기 싫은
약을 처방할 수 있는 것처럼 자연과 우주의 섭리 또한 나름의 목적이 있
기 때문에 내가 원치 않는 상황에 처하게 되는 것이다. 인간으로서 발전
하는 데 도움이 될 것이라 생각하며 주어진 것을 받아들여야 한다.

삶에 적용하는 심리학적 해설

피에트렐치나의 성 비오 사제는 이런 이야기를 들려주었습니다. "한 어
머니가 자수를 놓고 있었어. 아들은 작은 의자에 앉아 수를 놓는 어머니
의 모습을 지켜보았는데 자수의 뒷면을 본 탓에 매듭이며 엉켜 있는 실

들만 잔뜩 보였지. "엄마, 지금 뭐 하세요? 자수가 엉망이에요!"라고 아들은 말했어. 그러자 어머니는 자수틀을 내려 바른 면을 보여주었지. 각각의 색이 제자리에서 도안대로 조화를 이루고 있는 면을. 바로 이거야! 우리가 보는 건 자수의 뒷면인 게지. 낮은 의자에 앉아 있으니까."

이해되지 않는 모든 일들이 나름의 의미가 있다고 믿는다면 삶은 어떻게 바뀔까요? 받아들이고 배우고 성장하고 발전할 수 있다는 확신을 더욱 키운다면 어떤 사람이 될까요?

DATE   .   .   ● 한 단계 더 들어가기

⚜   오늘의 아우렐리우스 문장

✤ 이해할 수 없는 일을 받아들이고 나름의 의미를 찾은 적이 있는가?

혹은 원치 않는 상황에서 예상치 못한 성장을 경험한 적이 있는가?

"주어진 운명을 받아들이고
필연적인 난관을 이겨내려고 마음먹었다면
좋은 방향으로 가고 있다는 희망을 품고 나아가라."

37

통제할 수 없다면 받아들여라

통제할 수 없는 상황에 놓이면
극심한 공포에 사로잡힙니다. 애인이 떠난다거나,
해고를 당한다거나, 병에 걸린다거나 할 때요.

마르쿠스 아우렐리우스의 대답 | 명상록 제5장 35절 |

자신에게 이렇게 질문해보라. 최선을 다하겠다는 마음으로 최대한 노력했는데도 여전히 불행한 일이 일어난다면 더 이상 신경 써야 할 이유가 없지 않을까?

삶에 적용하는 심리학적 해설

통제할 수 없는 일이 일어난다면 받아들이세요. 우리의 삶은 생각 이상으로 우연에 좌우될 때가 많습니다. 그렇다면 통제할 수 없는 일로 자신을 탓하는 게 무슨 소용이 있을까요? 통제할 수 있는 일에 힘과 노력을 쏟는다면 삶이 더 좋은 방향으로 흘러가지 않을까요?

　인생에서 걱정스럽지만 통제할 수 없는 일이 있나요?

DATE   .   .

● 한 단계 더 들어가기

✤   오늘의 아우렐리우스 문장

_____

_____

_____

_____

_____

✤   내가 통제할 수 없던 위기의 순간을 적어보고, 거기서 생긴 감정으로
부터 나를 멀리 떨어뜨려보자.

_____

_____

_____

_____

_____

_____

_____

_____

_____

_____

_____

38

바꿀 수 없는 것들을 인정하기

신체적·성격적인 성질 중
받아들이기 어려운 부분이 있습니다.

마르쿠스 아우렐리우스의 대답 | 명상록 제6장 39절 |

운명에 의해 주어진 것들에 익숙해져라.

삶에 적용하는 심리학적 해설

예수의 말처럼 머리에 난 머리카락조차 그 수가 정해져 있습니다. 힌두교에는 쌀 한 톨에도 그것을 먹을 사람의 이름이 새겨져 있다는 말이 있지요. 한편 불교는 '이해한다고 해도 원래 그런 법이고 이해하지 못한다고 해도 원래 그런 법이다'라고 말합니다.

그러나 우리는 많은 것을 바꿀 수 있다고 믿으며 상황을 통제할 수 있다는 환상에 빠져 있습니다.

인생에서 주어지는 것들을 받아들이는 데 어떤 마음가짐이 도움이 될까요?

✤   오늘의 아우렐리우스 문장

_____

_____

_____

_____

_____

✤   나의 타고난 성질 중 바꿀 수 없는 부분이 있는가?
     주어진 조건 하에서 나만이 해낼 수 있는 일은 무엇인가?

_____

_____

_____

_____

_____

_____

_____

_____

_____

_____

_____

39

세상에 대한 기대치 바로잡기

우리가 모두 좋은 사람이라면 세상에는 아무 문제도 없을 겁니다. 하지만 오늘날 사람들의 관심이라고는 오로지 다른 이들을 이용하는 것뿐입니다. 우리는 너무 이기적인 세상에 살고 있어요.

마르쿠스 아우렐리우스의 대답 | 명상록 제9장 42절 |

정직하지 않거나 무가치한 사람을 만난다면 자문해보라. 이 세상에 사악한 사람이 전혀 없을 수 있을까? 그럴 수 없다. 그러니 불가능한 것을 요구하지 말라. 이렇게 생각해보면 어떨까? "이 사람은 어차피 이 세상에서 피할 수 없는 무리에 해당하는 부정직한 사람들 중 한 명이다"라고.

삶에 적용하는 심리학적 해설

세상에는 무지한 사람도 많다는 사실을 받아들인다면 그 사람을 만나도 놀랄 일이 없지 않을까요? 혹시 자신이 특별하다고 생각해서, 나쁜 의도를 가진 사람들이 절대 다가오지 않을 거라고 자신하나요?

기대치를 현실에 맞춰 조정하는 것은 늘 바람직한 일입니다.

우리에게는 현실이 펼쳐놓은 상황에 어떻게 반응할 것인지를 선택할 수 있는 힘이 있습니다.

✤   오늘의 아우렐리우스 문장

_____

_____

_____

_____

_____

✤   부정직하거나 무지한 사람을 만났을 때, 대처할 수 있는 나만의 지혜
     로운 방법은 무엇인가?

_____

_____

_____

_____

_____

_____

_____

_____

_____

_____

_____

40

원하는 대로 이루어지지 않을 때 ○

삶이 결코 쉽지 않습니다. 어느 날에는 모든 걸 가졌다가
다음 날에는 모든 걸 잃기도 합니다. 이렇게 불확실하고
불안정한 세상 속에서 어떻게 살아가야 할까요?

마르쿠스 아우렐리우스의 대답 | 명상록 제10장 14절 |

훌륭한 철학자처럼 겸손을 배우고 마음을 가르치면 운명에게 이렇게 말
할 수 있다. "너에게 부족한 걸 내게 주고 네가 갖고 싶은 걸 가져가라."
운명에 저항하자는 것이 아니다. 이는 피할 수 없는 상황을 받아들이고
삶에 대한 믿음을 굳건히 할 만큼 성숙해졌다는 뜻이다.

삶에 적용하는 심리학적 해설

우리는 삶에게 원하는 바를 요구해서 요구한 바를 얻을 때 행복을 느낍
니다. 삶이 그것을 내어주지 않으면 슬픔을 느낍니다. 이것이 진정한 행
복일까요? 아무것도 요구하지 않고 그저 주어진 대로 감사하게 받아들
이는 게 더 낫지 않을까요?

⚜   오늘의 아우렐리우스 문장

⚜   불만족스러운 것들을 잠시 내려놓고, 지금 내가 감사할 수 있는 조건
     들에 대해 적어보자.

41

각양각색의 위기에 대처하는 법

어찌할 수 없는 일을 통제하고 싶어질 때는
어떻게 생각하고 행동해야 할까요?

마르쿠스 아우렐리우스의 대답 | 명상록 제10장 35절 |

건강한 눈은 보이는 그대로를 보지 '나는 초록색만 볼 거야'라는 방식으
로 생각하지 않는다. 이런 식의 생각은 주로 병든 눈에서 나온다.

마찬가지로 건강한 마음은 모든 것에 열려 있다. 좋은 일만 겪고 싶어
하는 마음은 초록색만 보려 하는 병든 눈과 다를 바 없다.

삶에 적용하는 심리학적 해설

눈에 취향과 선호가 있다면 좋아하지 않는 것이 보일 때마다 어쩔 수 없
이 고통받게 될 것입니다. 우리의 마음은 눈과 달리 분별하고 판단하는
능력이 있어서 고통을 느낍니다.

늘 긍정적인 자세로 주변에서 일어나는 모든 일을 열린 마음으로 포
용한다면 삶이 어떻게 변할까요?

✤   오늘의 아우렐리우스 문장

✤   내가 해결할 수 없는 문제에 집착한 적이 있는가?

그래서 놓쳐버린 것들이 있다면 어떤 것인가?

42

주어진 상황에서 최선을 다할 것

무슨 수를 써도 마음을 비우고 그냥 밀어붙이는 것
외에는 할 수 없는 상황에 처해 있습니다.
이 상황을 어떻게 받아들여야 할까요?

마르쿠스 아우렐리우스의 대답 | 명상록 제7장 53절 |

신과 운명이 아무것도 바꿀 수 없는 상황에 나를 놓아두었더라도, 지금 상황에서 내가 가진 것을 활용해 가능한 한 최선의 방향으로 행동한다면, 아무것도 두려워할 필요가 없다.

삶에 적용하는 심리학적 해설

항상 최선을 다해야 합니다. 늘 갖고 있는 선택지와 정보를 찬찬히 살펴보고 자신의 가치에 부합하는 최선의 결정을 내려야 합니다. 행동과 결정의 최종 결과는 운명의 손에 맡기는 편이 낫습니다. 통제할 수 없는 결과에 대해 걱정한들 무슨 소용이 있을까요?

✤   오늘의 아우렐리우스 문장

_____

_____

_____

_____

_____

✤   어떤 노력을 기울여도 내가 바꿀 수 없는 상황에 처한 적이 있는가?
     그때 내가 내린 최선의 결정은 무엇이었는가?

_____

_____

_____

_____

_____

_____

_____

_____

_____

_____

43

불평으로 해결될 것은 없다

왜 이렇게 운이 없는지 모르겠습니다.
왜 저한테는 이렇게 안 좋은 일들이 일어나는 걸까요?

마르쿠스 아우렐리우스의 대답 │ 명상록 제8장 50절 │

쓴 음식은 억지로 삼키지 말고 뱉어야 한다. 앞에 가시밭길이 보인다면 피하라. 그리고 현실적인 자세를 취하라. 피할 수 있는 게 있다면 피하는 편이 좋다. 바꿀 수 없는 경우에는 받아들이고 '왜 이런 일이 일어나지?' 같은 질문은 그만두어라.

삶에 적용하는 심리학적 해설

지나치게 따지지 마세요. 아무 결론에도 도달하지 못할 것입니다. 최선을 다하고 자신이 결정할 수 있는 일에 집중하세요. 인생에서 부당하거나 안 좋은 일이 생길 때마다 화내고 기분 나빠하고 분노한다고 상황이 조금이라도 바뀔까요?

⚜   오늘의 아우렐리우스 문장

_____

_____

_____

_____

_____

⚜   자꾸만 부당하거나 안 좋은 일을 겪는다면, 보다 나은 삶을 위해 나
     는 지금 무엇을 할 것인가?

_____

_____

_____

_____

_____

_____

_____

_____

_____

_____

_____

Stay Positive
with
Marcus Aurelius

제 4 장

불확실한 삶을
마주하는 자세

목적보다 과정이 중요하다

목적이 수단을 정당화하나요? 가끔은 좋아하지 않는데
해야 하기 때문에 하는 일들이 있습니다.

마르쿠스 아우렐리우스의 대답 | 명상록 제8장 5절 |

이것만 기억하라. 항상 좋은 사람이 되는 것이 그 어떤 의무보다 중요하
다는 사실을.

맞서야 할 난관이 있고 해결해야 할 문제가 있어도 그것 때문에 괴로
워하거나 무너지지 말라. 목표를 달성하기에 앞서 항상 가장 인간적인
해결책을 찾으라. 바르고 겸손하고 진지하고 공정한 사람이 되게 해주
는 그런 해결책을.

삶에 적용하는 심리학적 해설

목표를 갖는 것은 좋지만 그 목표는 인간으로서의 됨됨이(타인에게 공감
하며 인간의 가치를 존중할 줄 아는 능력)와 어긋남이 없어야 합니다.

인생에서 의미 있는 목표를 세워두었나요? 니콜로 마키아벨리는 틀
렸습니다. 목적은 수단을 정당화하지 못합니다. 인간적이고 친절하고
연민 어린 태도로 목표 달성에 나서는 것이 목표 자체보다 더 중요합니
다. 결국 가장 중요한 것은 깨끗한 양심을 갖는 것이니까요.

자신의 인생을 분석하고 점검해보세요. 현재 이루고자 하는 목표가 있는데 그것이 다른 사람을 괴롭게 만들거나 마음의 평화를 앗아가고 있지는 않나요?

"모든 길은 똑같다. 어디로도 통하지 않는다"라는 인류학자 카를로스 카스타네다의 말처럼 그저 진심이 있는 길이 있고 진심이 없는 길이 있을 뿐입니다.

DATE   .   .   ● 한 단계 더 들어가기

⚜   오늘의 아우렐리우스 문장

✤ 　목표를 이루기 위해 내 양심에 어긋난 일을 한 적이 있는가?

　　빠르고 효과적인 방법이 아닌, 보다 인간적인 방법이란 무엇인가?

"목적지로 향하는 동안 맞서야 할 난관이 있어도
그것 때문에 무너지지 말고
항상 가장 인간적인 해결책을 찾으라."

#45 배우려는 의지가 성공을 부른다

나이도 먹을 만큼 먹었고 인생 경험도 많습니다.
제게 다른 사람의 교훈은 필요하지 않습니다.

마르쿠스 아우렐리우스의 대답 | 명상록 제11장 29절 |

지금 알고 있는 건 모두 학생이었을 때 배운 것이라는 말이 있다. 살면서
스승의 경지에 이르기 위해서는 먼저 겸손한 도제가 되어야 한다는 것
을 이해해야 한다.

삶에 적용하는 심리학적 해설

배우고자 하는 마음가짐은 성공을 위한 발판이 되어줍니다. 많은 사람
이 자신은 알 만큼 안다고 주장하지만 사실은 그런 태도로 인해 오히려
주변에 관심을 덜 갖게 되어 앎의 범위가 줄어듭니다. 배우려는 의지가
있으면 주변을 관찰하고 귀 기울여 듣기 때문에 결과적으로 현실을 더
명확하게 인식하고 더욱 성공적인 행동을 취할 수 있습니다.

배우려는 의지 덕분에 능력을 키우게 된 경험이 있나요? 배움과 성장
에 적극적인 태도는 더 행복한 삶을 영위하고 앞으로 닥칠 상황에 더 자
유롭게 대응하는 데 도움이 됩니다.

⚜   오늘의 아우렐리우스 문장

_____

_____

_____

_____

_____

⚜   배우려는 의지 덕분에 능력을 키우게 된 경험이 있는가?
      혹은 성장하기 위해 배우고 싶은 무언가가 있는가?

_____

_____

_____

_____

_____

_____

_____

_____

_____

46

선량함에 조건을 붙이지 말라

세상은 불공평합니다. 왜 착한 사람이 더 많이 보상받지
못할까요? 저는 다른 사람을 위해 많은 일을 하는데
사람들은 저를 중요하게 생각하지 않습니다.

마르쿠스 아우렐리우스의 대답 | 명상록 제9장 42절 |

매사에 대가를 바라거나 다른 사람을 위해 좋은 일을 했다고 보답을 받
으려고 하지 말라. 그건 마치 내 발이 나에게 걸어준 대가를 요구하거나
내 눈이 보게 해준 대가를 요구하는 것만큼이나 이상한 일이다.

인간의 본성은 좋은 일을 하는 것이다. 그게 우리가 세상에 태어난 이
유이기도 하다. 자신이 착한 사람이라면 본성과 조화를 잘 이루고 있는
것이다. 그러니 그에 대한 보상을 받으려고 하지 말라.

삶에 적용하는 심리학적 해설

선량함은 인간의 본성입니다. 긍정 심리학에 따르면 좋은 사람일수록
행복하고, 행복한 사람은 일반적으로 좋은 일을 더 많이 합니다. 아무런
대가도 기대하지 않고 다른 사람을 위해 좋은 일을 한 적이 있나요? 어
떤 기분이 들었나요?

⚜   오늘의 아우렐리우스 문장

_____

_____

_____

_____

_____

_____

_____

⚜   대가없이 타인을 위해 좋은 일을 한 적이 있는가?
      그때 기분은 어땠는가?

_____

_____

_____

_____

_____

_____

_____

_____

47

외면보다 내면을 가꾸어라

제가 몸을 굉장히 중요하게 여기는 점은 인정해요.
그래서 운동도 하고 외모도 가꾸고
옷도 신경 써서 입어요. 그게 나쁜 걸까요?

마르쿠스 아우렐리우스의 대답 | 명상록 제10장 38절 |

나의 영혼과 그것이 담겨 있는 그릇을 혼동하지 말라. 팔다리, 장기 등은 영혼의 물리적 형태일 뿐이다. 내 몸을 도구라고 생각하라.

옷 짓는 사람 없이는 옷감이 소용없고, 글 쓰는 사람 없이는 펜이 소용없으며, 운전하는 사람 없이는 운전대가 소용없듯이 영혼이 없으면 몸은 무용지물이다.

중요한 건 내 안에 있다는 사실을 잊지 말라.

삶에 적용하는 심리학적 해설

나의 몸, 나의 의견, 나의 감정 혹은 내가 가진 것이 곧 나라고 생각한다면 문제가 될 수 있습니다. 이 모든 것은 바뀔 수 있기 때문입니다.

에너지와 의지를 바뀌지 않는 것들에 투자하는 것이 좋습니다. 오직 내게 달려 있는 것들에만 집중하세요. 예를 들어 나의 투지는 오직 내게 달려 있습니다. 더 나은 사람이 되고자 하는 의지 또한 오직 내 마음에 달려 있지요. 슬픈 기분이 들 때 기운을 북돋기 위해 하는 일도 내가 선택할 수 있습니다. 나를 움직이는 건 내 몸이 아니라 내가 살찌운 영혼입니다.

오직 나에게 달려 있는 것들을 생각하세요. 더 나은 삶을 위해, 스스로 세운 목표를 달성하기 위해 할 수 있는 것은 무엇인지 고민하세요. 그와 동시에 나의 의지와는 전혀 상관없는 것에 대해서도 생각하세요.

DATE   .   .   ● 한 단계 더 들어가기

❀   오늘의 아우렐리우스 문장

_____

_____

_____

_____

_____

_____

_____

_____

_____

_____

_____

❧ 살면서 내가 더 중요시하는 것은 외면인가, 내면인가?

더 나은 삶을 위해 지금 내가 집중해야 할 것은 무엇인가?

"나의 영혼과 그것이 담겨 있는 그릇을
혼동하지 말라. 내 몸은 도구일 뿐
나를 움직이는 건 내 안의 것들이다."

감정보다 이성으로 대처하라

감정에 충실하고 열정적으로 살아야
후회가 없지 않을까요?

마르쿠스 아우렐리우스의 대답 | 명상록 제12장 19절 |

나의 열정을 움직이고 그 장단에 맞추어 춤추게 하는 힘보다 더 강력하고 신성한 힘은 내 안에 있다.

삶에 적용하는 심리학적 해설

내 안에 이미 존재하는 좋은 것들을 인지하고 삶에서 멋진 일들을 성취할 수 있음을 깨닫는 것부터 시작해보세요.

나라는 존재에게는 감정과 열정만 있는 게 아닙니다. 사고하고, 분별하고, 분석하며, 평가할 수 있는 능력도 있습니다. 마르쿠스 아우렐리우스의 조언대로, 꼭두각시처럼 감정에 사로잡히거나 휘둘리지 않도록 해야 합니다.

삶에서 감정에 휩쓸리지 않고 이성과 논리를 더 활용해야 할 영역이 있나요?

❖   오늘의 아우렐리우스 문장

_____

_____

_____

_____

_____

❖   내가 주로 감정에 휩쓸릴 때는 언제인가?

      삶에서 이성과 논리가 요구될 때 적절히 대응하고 있는가?

_____

_____

_____

_____

_____

_____

_____

_____

_____

_____

_____

#49 현자에게 무엇을 배울 것인가

어떻게 하면
최고의 내가 될 수 있을까요?

마르쿠스 아우렐리우스의 대답 | 명상록 제4장 38절 |

현자들이 따른 원칙을 자세히 살펴보면서 그들이 무엇을 피하고 무엇을
좇으려고 했는지 생각해보라.

삶에 적용하는 심리학적 해설

인류의 역사에는 수많은 현자가 있었습니다. 소크라테스, 석가모니, 공
자, 노자, 플라톤, 세네카, 에픽테토스, 마르쿠스 아우렐리우스 등등. 그
들은 무엇을 좇았을까요? 그들도 최선의 삶을 찾고 있지 않았을까요?

그들의 가치와 낙관주의를 배운다면 극단적이지 않고 차분한 마음으
로 사물을 받아들일 수 있지 않을까요? 그런 자세를 흉내 내려고 노력하
다 보면 더 나은 사람이 될 수 있지 않을까요?

스스로 지혜를 찾는 능력을 타고나지 못했다면 현자들을 보고 배움
으로써 행복을 키우고 고통을 줄일 수 있을 것입니다.

❦   오늘의 아우렐리우스 문장

_____

_____

_____

_____

_____

❦   따르고 배울 만한 현자가 있다면 누구인가?
     그에게서 무엇을 배워야 한다고 생각하는가?

_____

_____

_____

_____

_____

_____

_____

_____

_____

_____

_____

50

사랑은 복수보다 강하다

복수가 달콤하다는 말에
끌릴 때가 있습니다.

마르쿠스 아우렐리우스의 대답 | 명상록 제6장 6절 |

상처를 주는 사람들로부터 자신을 보호하는 최고의 방법은 그들과 다른
사람이 되는 것이다.

삶에 적용하는 심리학적 해설

복수를 선택한다면 애초에 당신에게 해를 가했던 사람과 뭐가 다를까
요? 간디는 "모두가 '눈에는 눈'을 외친다면 온 세상이 앞을 보지 못하
게 될 것"이라고 말했습니다. 《미르다드의 서》에 따르면 우리가 살아가
는 이유는 사랑하는 법을 배우기 위함이고 우리가 사랑하는 이유는 살
아가는 법을 배우기 위함입니다.

그러므로 최선의 방어는 사랑하고 용서하는 법을 배우는 것입니다.
물론 부당한 대우나 폭력적 행위를 참아야 한다는 뜻은 아닙니다. 연민
을 갖되 자신의 행복은 스스로 지켜야 합니다.

⚜   오늘의 아우렐리우스 문장

⚜   내가 당했던 것과 똑같이 상대에게 되갚아주려 한 적이 있는가?
그때의 내 모습은 어땠는가?

51

비난은 비난을 행한 자의 몫이다

모든 것을 너무 심각하게 받아들이지 않으려면
어떻게 생각하고 행동해야 할까요?

마르쿠스 아우렐리우스의 대답 │ 명상록 제9장 4절 │

죄를 짓는 자는 자신에게 죄를 짓는 것이다. 불의를 저지르는 자는 자신
에게 해를 끼치는 것이다.

삶에 적용하는 심리학적 해설

우리는 비난을 받거나 모욕을 당하면 대개 자신의 문제로 받아들입니
다. 누군가 자신에게 상처를 주거나 자신이 부당한 대우를 받고 있다고
생각될 때도 자신이 문제라고 흔히 생각합니다. 억울하고 불행하다고
느낄 때면 스스로를 그 상황의 피해자라고 여깁니다.

  그러나 마르쿠스 아우렐리우스는 말합니다. 부정한 짓을 저지르는
자는 자신에게 해를 입히는 것이며 다른 사람에게 해를 끼치려는 자는
자신을 해칠 뿐이라고. 모든 말과 행동, 생각이 부메랑이 되어 나쁜 말과
행동, 생각을 한 사람에게 고스란히 돌아갑니다.

  자신에게 호의적이지 않아 보이는 상황 때문에 기분이 상했는데 사
실 그 일이 자신과는 아무런 상관이 없었던 경험이 있나요?

DATE   .   . 한 단계 더 들어가기

✢   오늘의 아우렐리우스 문장

_____

_____

_____

_____

✢   나에 대한 비난이 사실은 별거 아니었음을 깨달은 적이 있는가?
      마음이 상했다가도 회복될 수 있었던 이유는 무엇인가?

_____

_____

_____

_____

_____

_____

_____

_____

_____

52

화가 났을 때의 유일한 치료약

누군가를
용서하는 게 어렵습니다.

마르쿠스 아우렐리우스의 대답 | 명상록 제4장 3절 |

친절하고 공정하고 싶은 이성적 존재라면 서로를 참고 받아들여야 한다. 많은 사람이 서로 사이가 틀어지고 의심하며 증오하다가 극단의 대치 상황에 이르렀음을 명심하라. 하지만 그들 대다수가 지금은 무덤 속 한 줌의 재에 지나지 않는다.

짧은 인생, 화내며 허비하지 말라.

삶에 적용하는 심리학적 해설

쏜살같이 지나가는 짧은 인생을 앞에 두고 언제까지 원한을 품은 채 시간을 낭비할 텐가요? 그 원한으로 더 괴로운 사람은 누구인가요? 당신인가요, 상대방인가요?

화가 났을 때는 용서가 유일한 치료약입니다. 진심 어린 용서를 통해 마음의 짐을 덜게 되면 제일 먼저 이익을 보는 사람은 바로 당신입니다. 화를 부른 다른 사람, 나 자신, 인생, 회사 등 어떤 대상이든 용서할 수 있습니다. 용서에는 한계가 없습니다.

❦   오늘의 아우렐리우스 문장

_____

_____

_____

_____

_____

_____

_____

❦   나 자신을 포함하여, 인생에서 용서할 사람이 있는가?
     그에게 진심을 담아 표현할 말을 적어보자.

_____

_____

_____

_____

_____

_____

_____

_____

_____

_____

_____

_____

53

진실한 비판은 기꺼이 받아들이라

고통스럽더라도 진실을 이야기하는 것과
고통스럽지 않게 선의의 거짓말을 하는 것 중
어느 쪽이 나을까요? 건설적인 비판은 어떨까요?

마르쿠스 아우렐리우스의 대답 | 명상록 제6장 21절 |

나는 진실을 좇는 사람이다. 진실은 그 누구도 다치게 하지 않는다고 생각한다. 자기기만과 무지에서 빠져나오지 못할 때 우리는 다치게 된다.

그래서 누군가가 진실에서 벗어났다는 이유로 내 행동을 비판하고 이를 바로잡아주려고 한다면, 나는 기꺼이 그 비판을 받아들일 것이다.

삶에 적용하는 심리학적 해설

인생의 다양한 상황에서 어떻게 반응할지, 어떻게 의도한 방향으로 생각할 수 있을지, 어떤 결정을 내릴지 분간하고 선택할 수 있는 능력은 누구에게나 있습니다.

우리는 많은 상황에서 외부의 비판에 맞닥뜨립니다. 비판을 피할 수는 없지만 비판에 어떻게 반응할 것인지는 선택할 수 있습니다. 자존심에 못 이겨 화를 내면서 흥분할 수도 있고, 그 비판에 좋은 의미가 있는지를 곰곰이 생각해보며 성장의 자양분으로 삼을 수도 있지요. 결국엔

부처의 말처럼 누군가가 많은 음식을 대접해도 어느 음식을 먹을 것인지 그리고 어느 음식을 먹지 않을 것인지는 전적으로 내가 선택해야 하는 법입니다. 비판도 비슷한 면이 있습니다.

나의 잘못을 바로잡고 개선하는 데 도움이 되었던 비판을 들은 적이 있나요? 먹고 싶지 않은 음식처럼 한쪽으로 밀쳐놓은 비판이 있었나요? 다른 상황에서는 어떤 선택을 했나요? 왜 그런 선택을 했나요?

DATE   .   .   ● 한 단계 더 들어가기

✤   오늘의 아우렐리우스 문장

✤ 나를 괴롭게 하는 비난과, 성장의 자양분 같은 비판을 구분할 수 있는가? 내가 반드시 마주해야 할 비판의 내용이 있다면 적어보자.

"진실을 좇는 사람은
그 누구도 다치게 하지 않지만
자기기만에서 빠져나오지 못한 사람은
해를 입는다."

삶은 변화의 연속이다

변화가 두렵습니다. 현재 상황이 편안하고
모든 게 지금 이대로였으면 좋겠습니다.

마르쿠스 아우렐리우스의 대답 | 명상록 제7장 18절 |

변화가 걱정되는 이유가 무엇인가? 변화가 없으면 세상에 무슨 일인들 일어날 수 있겠는가?

자연의 변화를 관찰해보라. 장작을 본래 상태로 두고서는 불을 지필 수 없다. 우리 몸이 음식을 소화하려면 먼저 음식을 다른 형태로 바꾸어야 한다. 생명을 유지하는 과정이 아무런 변화 없이 일어날 수 있을까?

자연과 삶에서 변화는 필수적이고 필연적이다. 인간도 마찬가지다.

삶에 적용하는 심리학적 해설

헤라클레이토스의 말처럼 변화만이 유일하게 변함이 없습니다. 이 세상 만물은 끊임없이 변합니다. 이 글을 읽고 있는 이 순간에도 우리 몸에서는 많은 변화가 일어나고 있습니다. 변화가 없이는 생명도 없습니다.

인생의 수많은 변화 중에서 처음에는 두려웠지만 변화를 겪은 이후로 더 좋은 삶을 즐기게 된 경우가 있나요?

❧   오늘의 아우렐리우스 문장

_____

_____

_____

_____

_____

_____

_____

_____

❧   인생을 좋은 방향으로 이끈 변화를 경험한 적이 있는가?
        혹은 성장을 위해 앞으로 겪어야만 하는 변화가 있는가?

_____

_____

_____

_____

_____

_____

_____

_____

_____

_____

_____

#55 모래 한 알과 같은 진전일지라도

삶에서 진전이 없는 느낌입니다. 아무리 노력해도
눈에 띄게 나아진 점이 보이지 않습니다.
이 좌절감에서 벗어나려면 어떻게 해야 할까요?

마르쿠스 아우렐리우스의 대답 | 명상록 제9장 29절 |

우리가 할 수 있는 것은 매 순간 자연이 우리에게 요구하는 바에 충실하게 임하는 것이다.

플라톤의 《국가론》에 나오는 위대한 제국을 세울 것이라고 생각하지 말라. 할 일을 하라. 그거면 된다. 다른 사람과 비교하느라 혹은 주변을 둘러보느라 정신을 빼앗기지 말라.

아무리 사소한 진전이라도 있었다면 만족하고 그 결과를 기쁘게 생각하라. 그건 전혀 작은 일이 아니다.

삶에 적용하는 심리학적 해설

내가 사는 이유는 세상을 바꾸기 위해서도, 완벽한 정의 사회를 구현하거나 나의 시선으로 세상을 보라고 사람들을 설득하기 위해서도 아닙니다.

의미 있는 일을 하고 싶다면 누군가에게 필요한 사람이 되거나 주변 사람을 돕거나 상심한 사람을 위로해주세요. 자기 몫을 함으로써 다른 인간 존재를 도울 수 있다면 마다할 이유가 없지 않을까요?

　다른 사람이 더 나은 삶을 살 수 있도록 도와줄 기회가 있는데 아직 활용하지 않은 건 아닐까요? 기회를 잡아보세요.

DATE　　.　　.　　　　　　　　　　● 한 단계 더 들어가기

✤　　오늘의 아우렐리우스 문장

_____

_____

_____

_____

_____

_____

_____

_____

_____

_____

_____

_____

_____

❧   아주 사소한 진전으로 삶의 기쁨을 느꼈던 적이 있는가?

그 사소한 진전이란 무엇이었는가?

"삶은 거창한 구호가 아니라
아주 작은 실천을 통해 조금씩 나아진다."

56

다시 바른 길로 올라서기

실수를 저질러서
죄책감에 시달리고 있습니다.

마르쿠스 아우렐리우스의 대답 | 명상록 제5장 9절 |

바른 길에서 벗어났다고 상심하거나 포기하거나 낙담하지 말라. 실패했다면 실수에서 배움을 얻고 다시 원래 궤도로 돌아오면 된다. 그런 행동이 좋은 사람이 할 만한 행동이라면 만족감을 느낄 것이다.

나를 좋은 사람으로 만들어주는 원칙과 행동을 사랑하는 법을 배우라. 그리고 길을 잃을 때마다 그 원칙과 행동을 떠올려라.

삶에 적용하는 심리학적 해설

바른 길에서 벗어나더라도 다시 돌아올 수만 있다면 상심할 필요가 없습니다. 나의 원칙에 따라 사는 것의 중요성을 배워야 할 때도 있습니다.

어떤 실수로 인해 더 나은 사람이 되었던 경험이 있나요? 겸손해졌다거나, 이해심이 넓어졌다거나, 공감 능력이 커졌다거나 하는 경우 말이죠.

길을 잃은 느낌이 없었다면 그런 변화를 깨달을 수 있었을까요?

⚜   오늘의 아우렐리우스 문장

_____

_____

_____

_____

_____

_____

_____

⚜   지금 내가 자주 하는 실수는 무엇인가?
      실수를 통해 무엇을 배울 것인가?

_____

_____

_____

_____

_____

_____

_____

_____

_____

_____

_____

57

이 고통 또한 지나가리라

힘든 시기를 보내고 있습니다.
이 시기가 얼마나 갈지 모르겠습니다.
기운을 북돋아줄 메시지가 필요합니다.

마르쿠스 아우렐리우스의 대답 | 명상록 제5장 23절 |

세상만사 모두 순식간에 사라지는 덧없는 것임을 잊지 말라.

흐름을 멈추지 않는 강처럼 끝없고 쉼 없이 바뀌는 것이 세상일이다.
우리에게 걱정을 안겨주는 일도, 우리가 싫어하는 일도 마찬가지다.

인내심을 가져라. 그러면 모든 세상사가 그렇듯 내가 싫어하는 일도
사라지고 바뀌게 될 것이다.

삶에 적용하는 심리학적 해설

영원한 건 없는데 그렇게까지 걱정할 필요가 있을까요? 지나간 걱정들
을 떠올려보세요. 그런 걱정이 어떻게 사라졌는지, 그리고 지금은 어떤
기분인지도. 그렇게 걱정할 가치가 있는 일이었나요?

지금 걱정하는 일이 5년 후에는 얼마나 중요할까요? 10년 후에는?
그다지 중요하지 않을 거라면 지금은 시간이 흘러도 의미가 있는 것에
집중하는 게 더 낫지 않을까요?

⚜   오늘의 아우렐리우스 문장

_____

_____

_____

_____

_____

⚜   영원할 줄 알았던 걱정이 어느새 사라진 적이 있는가?
      현재 겪고 있는 어려움도 그와 같이 멀찍이 대할 수 있겠는가?

_____

_____

_____

_____

_____

_____

_____

_____

_____

_____

#58 대가 없이 베푸는 삶의 즐거움

다른 사람을 위해 무언가를 해주었는데
그중 다수는 금세 잊고 보답하려고 하지도 않아요
이렇게 이기적인 사람들을 도와야 할까요?

마르쿠스 아우렐리우스의 대답 | 명상록 제5장 6절 |

다른 사람에게 호의를 베풀 때 호의의 대가를 받을 기회를 찾거나 그 사람이 내게 빚을 진 것이라 생각하지 말라.

포도나무가 대가를 바라고 포도를 생산하는 게 아니고, 말이 대가를 바라고 달리는 것이 아니며, 개가 대가를 바라고 사냥감을 찾지 않고, 꿀벌이 대가를 바라고 꿀을 만드는 게 아닌 것처럼, 어떤 행동을 할 때에도 대가를 바라고 행하지 말라.

좋은 사람이 되고자 하는 것은 인간의 본성이니 호의의 대가를 얻으려 하지 말라.

삶에 적용하는 심리학적 해설

우리는 이 세상에 공짜는 없다는 사실에 익숙합니다. 호의를 받으면 반드시 갚아야 한다고 생각합니다. 그래서인지 언제부턴가 대가를 요구하지 않고 다른 사람을 위해 무언가를 하는 것, 그저 마음에서 우러나오는 선함과 돕고자 하는 바람에서 오는 즐거움을 잊어버렸습니다.

보답을 기대하지 않은 채, 내가 그 사람에게 호의를 베풀었다는 생각을 하지 않은 채 다른 사람을 위해 행동했던 게 언제였나요?

그 사람들에게 어떤 선물을 주었나요? 오늘 당장 다른 사람을 돕겠다고 결심한다면 가장 먼저 누구를 도울 건가요?

DATE   .   .   ● 한 단계 더 들어가기

⚜   오늘의 아우렐리우스 문장

✤ 오늘 내가 실천할 수 있는 베풂이란 어떤 것인가? 구체적으로 어떤
사람을 돕고 싶은지 적어보자.

"좋은 사람이 되고자 하는 것은
인간의 본성이다."

상처를 받아들이고 사랑하기까지

용서할 가치가 없을 만큼
큰 상처를 준 사람들이 있습니다.

마르쿠스 아우렐리우스의 대답 | 명상록 제7장 22절 |

우리는 인간이기에 내게 상처를 준 사람들조차 용서할 수 있고 애정도 느낄 수 있다. 우리는 모두 인간이라는 점을 잊지 말라. 옳지 못한 행동을 한 사람도 무지 때문에 올바른 결정을 내리지 못한 것이다.

　인생은 짧고 시간이 지나면 누구나 이 세상에서 사라지고 없다. 이렇게 생각해보라. 사실 내게 해를 끼친 사람은 아무도 없다고. 나의 원칙 혹은 가치는 전적으로 내가 통제할 수 있는 것이므로 어느 누구도 그러한 원칙과 가치를 깎아내릴 순 없다고.

삶에 적용하는 심리학적 해설

우리는 어린아이 때문에 기분 상한 일이 있었을 때 이를 마음에 담아두지 않습니다. 어린아이가 그런 행동을 한 것은 잘 몰라서니까요. 친척이나 가까운 사람들의 기분 나쁜 행동도 이런 식으로 생각할 수 있습니다. 물론 쉽지는 않겠지만, 세상 모든 사람을 어린아이로 생각하고 대하면 어떨까요?

다른 이들의 상처 주는 행동을 받아들이고, 피해자가 되지 않는 법을 터득하고, 그런 사람들의 무지를 용서하기로 한다면 우리 안에서 어떤 일이 벌어질까요?

연민은 맹목을 의미하지 않습니다. 그것은 내게 상처를 주었던 사람까지 인정하고 받아들이는 것을 의미합니다. 지속적인 아픔을 겪어온 한 여성이 이런 말을 했습니다. "내 몸을 아프게 할 순 있지만 내 영혼을 해칠 수는 없어요. 그건 내 동의가 있어야 하니까요."

DATE   .   .   ●   한 단계 더 들어가기

✤   오늘의 아우렐리우스 문장

✢   나에게 상처를 준 이들 중 지금까지 기억나는 사람이 있는가? 그들
을 받아들이고 용서하기 위한 화해의 말들을 적어보자.

"우리가 인간이기에 할 수 있는 것은
내게 해를 끼친 사람까지도 용서하고
사랑하는 것이다."

60

불가능을 가능케 하는 힘

저는 목표한 바를 이루질 못해요.
담배도 못 끊어요. 직장에서 승진도 못하고,
좋은 파트너도 찾을 수가 없어요. 이게 제 운명일까요?

마르쿠스 아우렐리우스의 대답 │ 명상록 제6장 19절 │

노력이 많이 필요한 일이라고 해서 이루기 어려울 것이라고 지레짐작하지 말라. 다른 사람에게 가능한 일이라면 나의 능력으로도 이룰 수 있다.

이렇게 생각하라. '다른 인간이 방법을 터득하고 해냈다면 나도 할 수 있다'라고.

삶에 적용하는 심리학적 해설

처음에는 불가능하다고 생각했지만 결국에는 해냈던 일이 있나요? 어려운 일 혹은 불가능하다고 생각되는 일이 있을 때 동기부여를 위해 그 일을 해낸 다른 사람을 찾아 롤 모델로 삼나요? 그 일을 해내기 위해 다른 사람은 어떤 방법을 썼는지 진심으로 이해하려고 노력하나요?

스승이 되기 위해서는 먼저 훌륭한 제자가 되어야 합니다.

✤   오늘의 아우렐리우스 문장

_____

_____

_____

_____

_____

✤   불가능을 이겨낸 삶의 롤 모델이 있는가?
    그에게서 어떤 삶의 자세를 배우고 싶은가?

_____

_____

_____

_____

_____

_____

_____

_____

_____

_____

61

무슨 일이든 일어날 수 있다

저에게 왜 이런 일이 생기는 걸까요?
왜 지금일까요?

마르쿠스 아우렐리우스의 대답 | 명상록 제12장 13절 |

살면서 겪는 다양한 사건들에 사람들이 그렇게나 놀라는 모습을 보면 이상하면서도 때로는 즐겁다.

삶에 적용하는 심리학적 해설

우리는 다른 이들의 행운과 불행을 보고 놀라는 것이 아닙니다. 똑같은 일이 우리에게 닥쳤을 때 놀라는 것입니다.

다른 사람에게 일어나는 거의 모든 일이 우리에게도 일어날 수 있습니다. 혹시 나는 특별하기 때문에 불쾌한 일 따윈 결코 내게 일어날 수 없다고 생각하나요? 삶이라는 배움의 과정에서 다른 모든 이들이 겪는 일인데도?

⚜   오늘의 아우렐리우스 문장

⚜   인생에서 예상치 못한 일을 마주했던 적이 있는가?
     그때로 돌아간다면, 더 잘 대처하기 위해 나는 무엇을 할 것인가?

#62 쾌락 중독에서 벗어나는 법

인생의 목적은 오직 인생을 즐기는 것이라고
생각하는 사람들을 어떻게 보시나요?

마르쿠스 아우렐리우스의 대답 | 명상록 제6장 34절 |

균형이 필요하다. 쾌락을 무한정 누리기만 한다면 그것은 도둑이나 비도덕적인 사람, 폭군과 다를 바 없기 때문이다.

삶에 적용하는 심리학적 해설

쾌락에 나를 맡기는 것은 소금물을 마시는 것과 같습니다. 마시면 마실수록 갈증이 심해집니다. 몸과 마음이 절대 만족하지 못할 테니 건강한 균형을 목표로 삼는 것이 더 낫습니다.

인생에서 노예처럼 매여 있는 쾌락이 있나요? 상황을 개선하려면 어떻게 해야 할까요?

⚜   오늘의 아우렐리우스 문장

_____

_____

_____

_____

_____

⚜   벗어나고 싶은데 중독되어 쉽게 끊지 못하는 쾌락이 있는가?
      균형을 유지하려면 어떤 노력을 기울여야 하겠는가?

_____

_____

_____

_____

_____

_____

_____

_____

_____

_____

_____

#63 삶의 이유와 목적을 생각하라

즐기기에도 짧은 인생입니다.
인생의 의미나 다른 심오한 질문에 대해
생각할 시간은 없습니다.

마르쿠스 아우렐리우스의 대답 | 명상록 제8장 19절 |

세상 만물은 목적이 있기 마련이다. 인간이 그저 일하고 즐기기 위해서만 태어났다고 생각하는가?

삶에 적용하는 심리학적 해설

우리는 일상, 의무, 쾌락에 갇혀 하루하루를 살아가기도 합니다. 그렇게 한 주가 흐르고, 한 해를 넘기며 살아가지요. 인생의 의미가 무엇인지 혹은 여기 왜 있는지 굳이 생각해보려고 하지 않습니다.

인생의 목적이 무엇인가요? 대답하기 쉬운 질문은 아니나 적어도 생각해볼 만한 가치는 있지 않을까요?

⚜   오늘의 아우렐리우스 문장

⚜   나를 살아가게 하는 인생의 목적은 무엇인가?

64

애착을 느끼는 것과 거리두기

저는 물질을 중시하는 탓에 늘 불안에 시달립니다.
물질에 대한 집착을 줄이려면 어떻게 해야 할까요?

마르쿠스 아우렐리우스의 대답 | 명상록 제7장 27절 |

내 소유가 아닌 물건은 아예 존재하지 않는 물건이라고 생각하라. 지금 가진 것을 가치 있게 생각하는 게 낫다. 이미 가지고 있는 온갖 물건들을 떠올려보라. 그 물건들이 없을 때 과연 많이 아쉬울 것인지 생각해보라.

소유한 물건에서 너무 많은 즐거움을 얻으려고 하지 말라. 물건에 지나친 가치를 부여하게 되고 혹시라도 잃어버릴 경우 상심만 커진다.

삶에 적용하는 심리학적 해설

우리의 마음은 애착을 통해 움직입니다. 인간의 감정을 연구하는 이탈리아 출신의 인지심리학자 월터 리소에 따르면 "애착은 사물, 사람, 활동, 개념 혹은 감정에 대한 정신적·정서적 유대로, 이러한 유대를 통해 고유하고도 영구적인 방식으로 기쁨과 안정을 얻고 자아실현을 이룰 수 있을 것이라는 비이성적인 믿음에서 비롯된다"고 합니다.

애착이 커질수록 거리를 두기가 힘들어집니다. 내가 애착을 갖는 대상이 있는지 곰곰이 생각해보세요.

❀   오늘의 아우렐리우스 문장

❀   인생에서 지나치게 애착을 느끼는 사람 혹은 사물이 있는가?
그토록 집착하는 이유는 무엇이라고 생각하는가?

65

끝까지 해내는 연습의 힘

지금 상황에서 더 밀어붙인다는 것은 불가능하기 때문에
'백기를 드는' 수밖에 없다는 생각이 가끔 듭니다.

마르쿠스 아우렐리우스의 대답 | 명상록 제12장 6절 |

불가능해 보이는 일이 있다면 시간을 들여 더 연습하라. 평소에 주로 쓰는 손이 아니더라도 연습하면 그전에는 하기 어려웠던 일을 할 수 있다.

삶에 적용하는 심리학적 해설

불가능하다고 생각했지만 계속된 연습으로 할 수 있게 된 일이 있나요? 다양한 배움의 단계를 거치는 어린아이를 한번 생각해보세요. 아이는 '걷는 건 불가능해'라고 생각하지 않고 걸을 수 있을 때까지 계속 도전합니다.

✢   오늘의 아우렐리우스 문장

✢   어떤 목표를 이루기 위해 연습하는 과정에서, 나를 지치지 않게 해주
는 힘은 무엇인가?

자신을 먼저 돌아볼 것

다른 사람들의 결점이 자주 보입니다.
도와줘야 할까요?

마르쿠스 아우렐리우스의 대답 │ 명상록 제7장 기절 │

성숙한 사람은 타인보다는 자신에게서 고칠 점을 찾는 데 집중한다.

자신의 약점을 발견하고 개선해나가는 것이 가능한 이유는 스스로 통제할 수 있는 일이기 때문이다. 반대로 통제할 수 없는 다른 사람의 약점이나 결점이 없어지기를 바라는 것은 터무니없는 생각이다.

삶에 적용하는 심리학적 해설

타인의 단점은 자신의 단점보다 눈에 더 잘 보이는 법입니다. 마르쿠스 아우렐리우스는 거울에 자신을 비추어 보고 내면의 '악함(우리 안에서 발현되므로 우리가 막을 수 있는 모든 악한 것들)'을 분별하여 개선하기 위해 노력해야 한다고 말합니다. 다른 사람을 평가하고 변화시키려고 애쓰기보다 스스로 더 나은 사람이 되는 데 집중해야 합니다.

외부의 힘을 차단할 수는 없지만 우리의 마음속에서 만들어지는 것들은 개선할 수 있습니다. 남에게서 보이는 '악'에 맞서 싸우기보다는 자신이 좋은 본보기가 될 수 있도록 열심히 노력해보면 어떨까요?

⚜   오늘의 아우렐리우스 문장

_____

_____

_____

_____

_____

⚜   개선하고 싶은 나의 단점은 무엇인가?

　　　단점을 개선하기 위해 어떤 노력을 기울여야 하는가?

_____

_____

_____

_____

_____

_____

_____

_____

_____

_____

67

감당 못할 일은 없다

미래가 두려워요.
무슨 일이 벌어질지 너무 걱정돼요.

마르쿠스 아우렐리우스의 대답 | 명상록 제8장 36절 |

과거와 미래는 나를 쥐고 흔들 수 없다는 점을 잊지 말라.

내게 일어날 수 있는 안 좋은 일들을 생각하기보다는 현재 상황에 집중하라. 그리고 물어라. '지금 당장 여기에서 내가 다룰 수 없을 정도로 심각한 문제가 있는가?' 그러면 늘 현재가 생각보다 감당할 만하다는 것을 알 수 있다.

삶에 적용하는 심리학적 해설

우리는 과거에 일어난 일이나 절대 일어나지 않을 미래의 일을 생각하느라 곧잘 괴로워합니다. 지금 이 순간에만 집중한다면 감당할 수 없을 만큼 심각한 일은 없다는 사실을 깨달을 수 있습니다.

막상 닥치고 나니 생각보다 별일 아니었던 과거의 경험을 떠올려보세요. 지금 그 일을 생각해보면 어떤가요? 지금 인생에서 벌어지는 일 중에서 보기보다 심각하지 않은 일에는 어떤 게 있을까요?

⚜   오늘의 아우렐리우스 문장

⚜   혹시 미래가 두려운가? 그렇다면 두려움의 이유는 무엇인가?

68

기꺼이 도움을 받을 것

저는 도움을 요청하는 게
왜 이렇게 부끄러울까요?

마르쿠스 아우렐리우스의 대답 | 명상록 제7장 7절 |

도움받는 것을 부끄럽게 생각하지 말라. 임무를 완수해야 하는 군인이 부상당해 절뚝거린다고 임무를 포기해야 할까, 아니면 다른 팀원에게 도움을 구해 임무를 완수해야 할까?

도움을 구하는 것이 가장 타당하고 현명한 선택일 때가 많다. 현명한 결정을 하면서 부끄러워할 이유가 없다.

삶에 적용하는 심리학적 해설

경우에 따라서는 자신의 한계를 인정하고 도움을 구할 때를 알아야 합니다. 이러한 자세는 약점이 아니라 오히려 강점입니다.

인생에서 다른 사람의 도움 없이는 불가능했을 일들이 얼마나 많은 가요? 지금 당장 인생에서 다른 사람의 도움이 필요할 일이 있나요?

✤   오늘의 아우렐리우스 문장

✤   타인의 도움이 없었다면 해결할 수 없었던 일이나 상황이 있는가?
혹은 현재 누군가의 도움이 절실히 필요한 일이 있는가?

69

아무것도 하지 않을 때의 결과

도전했다가 실수하기보다는
아무것도 하지 않는 편이 낫습니다.

마르쿠스 아우렐리우스의 대답 | 명상록 제9장 5절 |

아무것도 하지 않는 것 또한 무엇인가를 하는 것이다. 문제가 자연스레 해결되리라는 생각으로 중요한 결정을 보류하거나 실행을 회피하지 말라. 행동하지 않는 사람이 행동하는 사람보다 더 큰 불의를 저지르는 경우도 자주 있다.

삶에 적용하는 심리학적 해설

때로 우리는 아무것도 하지 않으면 실수할 일도 없다고 생각합니다. 하지만 물에 빠진 어린아이를 보고 아무것도 하지 않으면 어떻게 될까요? 혹은 실수를 저지르고도 바로잡지 않거나 자신의 잘못을 깨닫지 못한다면? 아니면 자신의 행동이 가져올 결과는 생각하지 않고 남들에게 피해를 준다면? 예는 얼마든지 들 수 있습니다.

아무런 행동도 혹은 생각도 하지 않아서 일을 그르친 적이 있나요?

⚜   오늘의 아우렐리우스 문장

_____

_____

_____

_____

_____

⚜   부정적 결과가 두려워서 실행하지 못하는 일이 있는가?
     그것을 계속하지 않았을 때 어떤 결과가 예상되는가?

_____

_____

_____

_____

_____

_____

_____

_____

_____

_____

_____

70

애쓰지 않고도 얻는 행복

어떻게 하면 사물이나 사람에게
집착하지 않을 수 있을까요?

마르쿠스 아우렐리우스의 대답 | 명상록 제8장 33절 |

겸손한 자세로 편안하게 마음을 내려놓아라.

삶에 적용하는 심리학적 해설

운, 우연, 운명은 결코 통제할 수 없습니다. 자신이 통제할 수 없는 것에 행복이 달려 있다면 행복은 불확실성의 노예가 될 것입니다. 마르쿠스 아우렐리우스는 행운으로 얻은 것에 집착하지 말고 운이 나를 비켜가는 상황에서도 마음 상하지 말라고 말합니다.

　인생에서 벌어지는 일이나 내가 얻은 것 혹은 잃은 것에 행복이 달려 있는 게 아니라, 만물이 나름의 목적을 가지고 운명을 따른다는 확고한 믿음에 행복이 달려 있다면 어떤 것에 집착하지 않고도 행복할 수 있지 않을까요?

⚜   오늘의 아우렐리우스 문장

_____

_____

_____

_____

_____

⚜   현재 필요 이상으로 집착하고 있는 대상이 있는가?
     집착하지 않으려면 어떻게 해야 할까?

_____

_____

_____

_____

_____

_____

_____

_____

_____

_____

_____

Stay Positive
with
Marcus Aurelius

제 5 장

짧은 인생,
긴 질문

71

나를 성장시키는 내면의 불꽃

저는 영성에 관심이 없고
왜 필요한지도 잘 모르겠어요.

마르쿠스 아우렐리우스의 대답 | 명상록 제3장 13절 |

의사들은 긴급하게 의술을 행해야 할 때 필요한 도구와 장치를 늘 가까이 둔다. 우리도 자신의 초월적인(영적인) 면과 인간적인(세속적인) 면을 모두 보살필 수 있는 능력을 갖춰야 한다.

겉으로는 사소해 보이는 문제에서도 영성과 우리를 둘러싼 세계가 관계를 맺고 있다는 점을 늘 기억해야 한다. 세속적인 측면에서 이루어낸 성과가 있다면 영적인 측면도 그에 걸맞은 수준으로 가꿔야 한다.

삶에 적용하는 심리학적 해설

세속적인 수많은 문제 앞에서 우리는 인생에서 가장 신성한 것, 가장 가치 있는 것 또는 가장 사랑하는 것이 무엇인지 잊어버리곤 합니다.

불을 붙인 나무는 계속해서 타기 마련입니다. 영감을 주는 사람들을 의도적으로 주변에 두고, 용기를 주는 책과 텍스트를 읽고, 내면을 성장시키는 것들을 마음속에 그려보세요. 이렇게 지속적으로 연료를 주입하는데 내면의 불꽃이 꺼질 수 있을까요?

⚜   오늘의 아우렐리우스 문장

_____

_____

_____

_____

_____

_____

_____

_____

⚜   내가 살아 있음을 느끼게 하는 영감의 대상은 무엇인가?

_____

_____

_____

_____

_____

_____

_____

_____

_____

_____

#72 나와 세상의 근원을 생각하기

신이나 다른 초월적인 존재를
믿는 것이 말이 되나요?

마르쿠스 아우렐리우스의 대답 | 명상록 제6장 36절 |

만물의 근원에 대해 성찰해보라. 우리를 둘러싼 만물에서 영적인 근원을 보는 법을 배우는 것이 인간으로서의 존재 이유와 자아실현일지도 모른다.

삶에 적용하는 심리학적 해설

우리는 많은 경우에 삶을 살아가는 데만 집중하다가 만물을 움직이는 원천에 대한 성찰을 잊곤 합니다.

인류 역사의 위대한 현자나 철학자들은 명상, 우주를 움직이는 힘, 전생, 사후세계에 대해 진지하게 성찰하는 시간 없이는 존재가 무의미하다고 여겼습니다.

자식이 부모와의 관계를 잊어버리고 관계를 회복할 방법조차 모른다면 그 관계가 가장 필요할 때 갈피를 못 잡게 됩니다.

더욱 충만한 삶을 위해 어떤 활동을 일상에 더할 수 있을까요?

❋   오늘의 아우렐리우스 문장

_____

_____

_____

_____

_____

❋   세상의 근원을 이해하기 위해 내가 할 수 있는 활동은 무엇인가?

_____

_____

_____

_____

_____

_____

_____

_____

_____

_____

_____

죽음을 두려워하지 말라

죽음을 생각하면
두려움이 먼저 찾아옵니다.

마르쿠스 아우렐리우스의 대답 | 명상록 제2장 11절 |

세상을 떠나는 것은 두려운 일이 아니다. 신이 존재한다면 나쁜 일은 일어나지 않을 것이다. 만약 신이 존재하지 않는다면, 우리 인간이 중요하지 않다면, 신의 섭리가 존재하지 않는 공허한 세상을 떠나는 것이 정말 문제가 될까?

삶에 적용하는 심리학적 해설

마르쿠스 아우렐리우스는 서구 사회에서 금기시되어 온 죽음이라는 주제를 침착하게 받아들일 수 있도록 생각할 거리를 던져줍니다.

그는 죽음에 대해 생각할 수 있는 것은 오직 두 가지뿐이라고 했습니다. 첫째는 우리가 죽으면 다른 무언가(철학자들이 삶과 죽음의 수수께끼로 입문하는 것이라 부르며 일생을 바쳐 조사한 그 무언가)가 존재한다는 것이고, 둘째는 아무것도 존재하지 않는다는 것입니다.

만약 아무것도 존재하지 않는다면 괴로워할 이유가 없지 않을까요? 마르쿠스 아우렐리우스가 말한 것처럼 만약 사후에 아무것도 존재하지 않는다면 어떤 면에서 의미가 없는 세상이기도 합니다. 반대로 무언가가 존재한다면, 그래서 계속해서 우리를 지켜보고 있다면 신의 뜻대로 현생에서 맡은 소임을 다해야 할 것입니다. 자신의 소임을 다하세요. 그러면 언젠가 신을 직접 마주하는 일이 즐겁게 느껴질 것입니다.

DATE   .   .   ● 한 단계 더 들어가기

⚜   오늘의 아우렐리우스 문장

✤ 내 안에 죽음에 대한 두려움이 있는가?

죽는 순간에도 후회하지 않을 만한 삶을 살고 있는가?

"지금 당장이라도 세상을 떠날 사람처럼
행동하고 말하고 생각하라."

의미 없는 삶이란 없다

저는 가끔
삶이 무의미하게 느껴집니다.

마르쿠스 아우렐리우스의 대답 | 명상록 제2장 3절 |

당신은 자연 또는 생명이라 불리는 더 위대한 존재의 일부다. 우리가 사는 세상에는 이해할 수 없는 일들이 일어나지만 이는 만물을 관장하는 완벽한 섭리에 따른 것이다.

　모든 일은 대의에 기여하기 위해 일어나며 따라서 의미가 있다.

삶에 적용하는 심리학적 해설

세상의 모든 일은 서로 관계를 맺고 얽혀 있습니다. 우연히 일어나는 일이란 없습니다. 모든 것이 우리가 이해할 수 없는 완벽한 섭리에 따라 발생합니다. 그렇다면 그러한 섭리를 믿고 일어날 일은 결국 일어난다고 그저 받아들이는 게 낫지 않을까요?

　이를 믿든, 믿지 않든 삶에는 의미가 있습니다.

⚜　　오늘의 아우렐리우스 문장

⚜　　삶의 의미를 찾기 위해 오늘 내가 할 수 있는 활동은 무엇인가?

75

오늘이 마지막 날인 것처럼

저는 아직 살아갈 날이 많이 남아 있다고
생각하는 편이에요. 죽음을 생각하고 싶어 하는
사람은 없으니까요.

마르쿠스 아우렐리우스의 대답 | 명상록 제2장 11절 |

영원히 살 수 없다는 사실을 명심하라. 지금 당장이라도 세상을 떠날 사람처럼 행동하고 말하고 생각하라. 그러면 무엇을 먼저 해야 할지가 분명해지고 주어진 시간을 잘 활용할 수 있을 것이다.

삶에 적용하는 심리학적 해설

살 수 있는 시간이 얼마 남지 않았다면 어떻게 하겠나요? 사랑하는 사람들을 어떻게 대할 것인가요? 우선순위를 어떻게 바꿀 건가요?

오늘이 마지막 날인 것처럼 하루하루를 살기 바랍니다. 인생에서 정말 중요한 것을 먼저 하면서 말입니다.

⚜   오늘의 아우렐리우스 문장

⚜   만약 오늘 죽음을 맞이해야 한다면, 가장 먼저 무엇을 할 것인가?

무엇을 바랄 것인가

76

신에게 무엇을
바라야 할까요?

마르쿠스 아우렐리우스의 대답 | 명상록 제9장 40절 |

신은 무능하거나 전능하거나 둘 중 하나다. 전자라면 신에게 무언가를
청하는 게 의미가 있을까? 후자라면 신에게 바라는 일이 일어나게 혹은
일어나지 않게 해달라고 기도하기보다 그 무엇도 두려워하거나 바라지
않고 어떤 일에도 마음 상하지 않는 능력을 달라고 비는 게 어떨까?

삶에 적용하는 심리학적 해설

신을 믿지 않는다면 신에게 무언가를 청한다는 것이 의미가 없을 것입
니다. 하지만 신을 믿는다면 단순히 원하는 일이 일어나게 해달라고 빌
기보다 자신에게 일어나는 일을 이겨낼 수 있는 힘과 긍정적인 태도를
달라고 비는 게 더 낫지 않을까요?

DATE   .   .

● 한 단계 더 들어가기

⚜ 　오늘의 아우렐리우스 문장

⚜ 　내가 소원하는 것은 무엇인가? 왜 그것을 바라는가?

207

77

우리 모두 언젠가 죽는다

죽음에 대해 생각하며 살아가야 할까요,
아니면 그저 인생을 즐기는 게 좋을까요?

마르쿠스 아우렐리우스의 대답 | 명상록 제4장 17절 |

만 년을 살 것처럼 행동하지 말라. 죽음은 늘 곁에 있다. 살아있는 동안 은 가능한 한 좋은 사람이 되려고 노력하라.

삶에 적용하는 심리학적 해설

말기 환자의 고통을 완화하는 치료 분야에서 다년간 일해온 호주의 작 가 브로니 웨어는 죽음을 앞둔 사람들이 가장 많이 하는 후회를 다섯 가 지로 정리했습니다.

이들은 하고 싶은 일을 할 용기를 내지 못한 것, 일을 너무 많이 한 것, 감정을 드러낼 용기를 내지 못한 것, 친구들과 더 자주 연락하지 못한 것, 그리고 더 행복하지 못했던 것을 후회했습니다.

우리는 죽음이 남에게나 일어나는 일이라고 여기면서 마치 남은 시 간이 영원한 것처럼 죽음을 무시합니다.

만약 생이 얼마 남지 않았다는 사실을 알게 된다면 무엇을 바꿀 건가 요? 지금 충분한 관심과 애정을 주고 있지 못한 대상은 무엇인가요?

✤   오늘의 아우렐리우스 문장

✤   만약 생이 얼마 남지 않았다는 사실을 알게 된다면, 가장 후회되는
것은 무엇이겠는가?

78

가진 것을 잃어버렸다는 착각

사랑하는 사람을 잃은 고통에서 벗어날 수 있을까요?
불가능하다고 느낍니다.

마르쿠스 아우렐리우스의 대답 | 명상록 제9장 35절 |

상실은 변화에 지나지 않는다.

삶에 적용하는 심리학적 해설

우리는 소중한 물건, 더 나아가 소중한 사람을 잃을까 봐 두려워합니다. 죽음에 대한 두려움은 두려움 중에서도 가장 큽니다. 이 두려움을 이겨내는 데 무엇이 도움이 될까요? 신념?

소유했던 것이라야 잃는 것도 가능합니다. 그런데 앞서도 소개한 속담에 따르면 진정한 소유물은 배가 난파되어도 잃을 수 없는 그런 종류의 것뿐입니다. 이렇게 생각하면 진정한 소유물은 없다시피 하기 때문에 인생에서 잃었다고 표현할 만한 것도 거의 없습니다.

상실이라고 여겼던 것이 되짚어보면 애초에 소유한 적이 없는 것은 아니었는지 생각해보세요.

✤   오늘의 아우렐리우스 문장

_____

_____

_____

_____

_____

✤   내가 가졌다고 생각한 것들을 잃어버렸을 때, 상실감을 달래고 벗어
     나기 위한 나만의 활동은 무엇인가?

_____

_____

_____

_____

_____

_____

_____

_____

_____

_____

79

좋은 삶을 사는 방법

마지막으로 한 가지 조언을 해주실 수 있다면 어떤 것이 있을까요?

마르쿠스 아우렐리우스의 대답 | 명상록 제3장 5절 |

자신의 의지에 반하는 행동, 생각을 거치지 않은 행동을 하지 말라. 남에게 피해를 입히는 일을 하거나 자신의 감정과 생각에 휩쓸리지 말라. 자신의 말을 과신하지 말라. 말을 아끼고, 너무 많은 일을 동시에 하지 말라.

삶에 적용하는 심리학적 해설

마르쿠스 아우렐리우스의 이 마지막 조언에 부합하는 삶을 살려면 어떻게 해야 할까요?

DATE . .

⚜ 오늘의 아우렐리우스 문장

⚜ 아우렐리우스의 79가지 대답은 나에게 어떤 마음을 일으켰는가?

213

참고문헌

마르쿠스 아우렐리우스의 논평은 다음 문헌에서 선별하여
이해하기 쉽게 현대 언어로 각색한 후 스페인어를 영어로 옮긴 것이다.

- Aurelio, M. (1985). *Meditaciones*. Madrid: Alianza Editorial S.A.
- VV.AA. (1888). *Obras de los moralistas griegos: Marco Aurelio - Teof-rasto - Epicteto - Cebes*. Madrid: Librería de la Viuda de Hernando y Ca.

- Castaneda, C. (2016). *The Teachings of Don Juan: A Yaqui Way of Knowledge*. Berkeley, CA: University of Califonia Press.
- Dolan, S. L. (2011). *Coaching by values: A guide to success in the life of business and the business of life*. Bloomington, IN: IUniverse.
- Riso, W. (2015). *How to Overcome Emotional Dependency*. Phronesis SAS.
- Schindler, Dr. J. A. (2003). *How To Live 365 Days A Year*. Philadelphia: Running Press.
- Ware, B. (2019). *Top Five Regrets of the Dying: A Life Transformed by the Dearly Departing*. Carlsbad, CA: Hay House.
- Zavala, J. M. (2010). Padre Pío: *Los milagros desconocidos del santo de los estigmas*. Madrid: LibrosLibres.

나의 내일은 긍정으로 시작한다
철학자의 지혜를 내 인생에 담는 문답 노트

1판 1쇄 인쇄 2023년 3월 9일
1판 1쇄 발행 2023년 3월 16일

지은이 야나 카프리, 차란 디아즈
옮긴이 박인균
펴낸이 고병욱

기획편집실장 윤현주 **책임편집** 한희진 **기획편집** 김경수
마케팅 이일권 김도연 김재욱 복다은 **디자인** 공희 진미나 백은주
외서기획 김혜은 **제작** 김기창 **관리** 주동은 **총무** 노재경 송민진

펴낸곳 청림출판(주)
등록 제1989-000026호

본사 06048 서울시 강남구 도산대로38길 11 청림출판(주)
제2사옥 10881 경기도 파주시 회동길 173 청림아트스페이스
전화 02-546-4341 **팩스** 02-546-8053

홈페이지 www.chungrim.com
이메일 cr2@chungrim.com

ISBN 979-11-5540-214-6 03100

- 이 책은 저작권법에 따라 보호를 받는 저작물이므로 무단전재와 무단복제를 금합니다.
- 책값은 뒤표지에 있습니다. 잘못된 책은 구입하신 서점에서 바꿔 드립니다.
- 추수밭은 청림출판(주)의 인문 교양도서 전문 브랜드입니다.

Stay Positive

with

Marcus Aurelius